高职篮球教学与技战术训练研究

罗华平 著

吉林人民出版社

图书在版编目（CIP）数据

高职篮球教学与技战术训练研究 / 罗华平著. — 长春：吉林人民出版社，2023.11

ISBN 978-7-206-20671-9

Ⅰ. ①高… Ⅱ. ①罗… Ⅲ. ①篮球运动－体育教学－教学研究－高等职业教育 Ⅳ. ①G841.2

中国国家版本馆 CIP 数据核字（2023）第 246651 号

高职篮球教学与技战术训练研究
GAOZHI LANQIU JIAOXUE YU JIZHANSHU XUNLIAN YANJIU

著　　者：罗华平

责任编辑：金　鑫

出版发行：吉林人民出版社（长春市人民大街 7548 号　邮政编码：130022）

印　　刷：吉林省海德堡印务有限公司

开　　本：787mm×1092mm　　　1/16

印　　张：12　　　　　　　字　　数：160 千字

标准书号：ISBN 978-7-206-20671-9

版　　次：2024 年 4 月第 1 版　　印　　次：2024 年 4 月第 1 次印刷

定　　价：160.00 元

如发现印装质量问题，影响阅读，请与出版社联系调换。

前言

近年来，随着篮球运动的不断发展，现代篮球呈现出高速度、高对抗和高技巧的发展特点，世界篮球运动水平整体上升，吸引了全球人民的目光。篮球运动有着极为广泛的群众基础，作为一项风靡全球的体育运动，它在人们体育健身、娱乐游戏等方面都起到了不容小觑的重要作用，同时成为高职院校体育教学的一项重要内容。我国高职院校体育教育十分注重篮球教学这一板块，对篮球运动的发展规律、基本理念与技战术打法的研究从未停息，致力于探索出一条适应我国篮球发展现状、趋势和需求的模式和道路。

与其他篮球运动教学相比，高职篮球运动教学有其固有的特点。首先是高职体育的特点。高职体育是高职教育的重要组成部分，但它侧重体现体育的属性，即要以运动和身体练习为基本手段，提高学生的体育运动能力，而高职篮球运动作为高职体育的一部分，其最终目的是提高学生的篮球运动能力。其次是学生的特点。学生在进入学校后，职业方向基本确定，学习的重点也与职业方向趋同，再加上其对篮球运动的认识更为深刻，对篮球运动相关理论、技术、战术等的需求更为强烈，因此篮球运动的教学需要更加专业、规范。

高职院校篮球教学及训练方法的研究是一项重要的课题，它直接关系到高职院校体育教育的质量和效果。通过探讨和研究，我们可以发现，针对学生的特点进行教学设计，注重教学实践，注重个性化教育，以及采用小组合作教学法、趣味化教学法等方法，都能够在高职院校篮球教学和训练中发挥积极的作用，提高教学效果。高职院校篮球教学及训练方法的研究需要通过培养学生的基本功、技战术水平和身体素质，提高学生的篮球技术水平和综合素质，从而达到培养专业人才的目标。教师还需要注重对学生的心理辅导，帮助他们克服困难，发挥潜力，提高比赛的竞技状态。这样才能更好地推动高职院校篮球教学及训练方法的研究与发展。

目 录

第一章 高职院校篮球运动概述 …………………………………………… 1
 第一节 篮球运动的起源与发展 …………………………………………… 1
 第二节 篮球运动的特点与发展趋势 ……………………………………… 5
 第三节 篮球运动对高职学生的影响 ……………………………………… 16

第二章 高职院校篮球教学理论 …………………………………………… 25
 第一节 高职院校篮球教学概述 …………………………………………… 25
 第二节 高职院校篮球教学的基本原则与主要方法 ……………………… 28
 第三节 高职院校篮球教学的类型组织与实施 …………………………… 34
 第四节 高职院校篮球教学的质量测评 …………………………………… 45

第三章 高职院校篮球训练理论 …………………………………………… 51
 第一节 高职院校篮球训练概述 …………………………………………… 51
 第二节 高职院校篮球运动训练的基本原则与主要方法 ………………… 62
 第三节 高职院校篮球运动训练计划的制订细则 ………………………… 67
 第四节 高职院校篮球运动训练水平的测量与评价 ……………………… 74

第四章 高职院校篮球技术的教学与训练 ………………………………… 82
 第一节 高职院校篮球运动移动技术 ……………………………………… 82
 第二节 高职院校篮球运动传接球技术教学训练 ………………………… 88
 第三节 高职院校篮球运动运球技术教学训练 …………………………… 93
 第四节 高职院校篮球运动投篮技术教学训练 …………………………… 98
 第五节 高职院校篮球运动持球突破技术教学训练 ……………………… 104

  第六节 高职院校篮球运动抢篮板球技术教学训练……………109

第五章 高职院校篮球战术的教学训练………………………114
 第一节 进攻战术基础配合………………………………………114
 第二节 个人防守技术与防守战术基础配合……………………119
 第三节 快攻与防守快攻…………………………………………126
 第四节 半场人盯人防守与进攻半场人盯人防守………………131
 第五节 全场盯人防守与进攻全场盯人防守……………………140
 第六节 区域联防与进攻区域联防………………………………148

第六章 高职院校篮球体能与心理训练……………………………156
 第一节 高职院校篮球运动的体能训练…………………………156
 第二节 高职院校篮球运动的心理训练…………………………171

参考文献……………………………………………………………………185

第一章　高职院校篮球运动概述

第一节　篮球运动的起源与发展

一、篮球运动的起源

詹姆斯·奈史密斯博士在19世纪20年代发明了篮球运动。冬天户外气候寒冷，学生在室外的运动受到了限制，这个问题引发了詹姆斯·奈史密斯博士关于如何在室内开展有益于学生身心健康的运动的思考。竹筐扔桃子的儿童游戏使詹姆斯·奈史密斯博士受到了启发，他慢慢设计出在墙上钉竹筐，从远处向竹筐投球的游戏方法，这便是篮球运动的起源。这项运动一经问世便广泛传播，迅速发展，很快世界各地都开始流行这项运动。

二、篮球运动的发展历史

（一）世界篮球运动的发展历史

现代篮球运动的发展历程大致划分为由最初构思到完善建章、宣传推广、立项入世，再到创新发展等阶段。

1. 初试探索期（19世纪90年代至20世纪20年代）

这一时期，篮球运动表现出以下特点。

（1）无明确细致的游戏规则，没有人数限制、场地设备规模等要求。

（2）在实践中根据比赛的需要，逐渐增加或改良了一些场地设备、规则等。例如，开始针对场地大小进行了规定，篮筐的位置也开始挂于高柱上，对比赛时的动作也进行了规范性的要求等。

2. 完善传播期（20世纪30年代至40年代）

这一时期，篮球运动主要表现出以下特点。

（1）篮球运动传播到世界各地，以其自身的魅力被各国人民所喜爱。

（2）初步遵循了十三条比赛规则，明确固定了上场参赛的人数和时间，改良了比赛场地并划分了区域，细化标识线；进一步完善和规范了篮球场地的材质和设备。20世纪30年代的柏林奥运会上，男子篮球被列为正式比赛项目。

（3）进攻与防守的专有技术动作逐渐增多。除此之外，场上开始出现一些有意识的初级战术配合。技战术内容的加入掀起了篮球运动的第一次发展高潮。

3. 普及发展期（20世纪50年代至60年代）

这一时期，篮球运动主要表现出以下特点。

（1）篮球运动在全球近百个国家和地区得到了广泛普及。各种世界、洲际、地区、国家组织的篮球竞赛如雨后春笋般诞生。其中以世界篮球锦标赛最为受到全世界篮球爱好者的关注，这项比赛是世界篮球最高级别的赛事，代表着每个时代篮球的最高水平，而此时篮球运动已经家喻户晓，被每个人所熟知。

（2）篮球运动的技战术在这一时期得到了更好地发展，新颖巧妙的战术不断被运用到比赛之中，形成了科学的攻防体系；比赛场地、设施及规则进一步得到完善。

4. 全面提高期（20世纪70年代至80年代）

这一时期，篮球运动主要表现出以下特点。

（1）球员的身高、身体素质、滞空高度和攻守速度明显得到了提高，这种特点逐渐将球员的个人高度、技术和队伍整体打法配合结合在了一起。身体、意识的对抗日益激烈，高强度、高对抗、高速度、高技巧、高智慧、高比分的对抗开始成为篮球运动新时期发展的新趋势。

第一章　高职院校篮球运动概述

(2) 篮球比赛规则又经过几次修改，增设了进攻方进球后被判定犯规的追加罚球的规定。第一次罚中即结束罚球，若第一次没有罚中，可有第二次罚球的机会，如果第二罚球还不中，则结束罚球。再度调整了球过本方半场和本方进攻的时间（减少了过本方半场的时间），这些规则的改变更加提高了比赛的攻防转换速度，并且应运而生了更多与之相配的技战术打法和体系。

(3) 女子篮球技术逐渐男子化，这掀起了这项运动的第二次发展高潮。篮球运动在全球普及，进行篮球运动的人口增多，篮球竞技方式有所变化，竞技水平也有所提高。

(4) 20世纪80年代中期篮球竞赛规则对场地进行了再次修改，增设了远投区，因为在远投区投中的球可以计算3分，所以也经常被人们称为"三分线"。不过经常看到的美职篮的三分线为7.2米，而国际篮联的三分线为6.75米。

5. 创新发展期（20世纪90年代至今）

20世纪90年代，世界篮球运动的发展进入了一个全新的发展时期，这一时期，篮球运动主要表现出以下特点。

(1) 篮球运动的技术动作不断创新，效果更加实用。同时，战术越发复杂，讲求实效，攻防两端的阵型和打法多变。学生内外攻守区域分位趋向模糊，人员站位更加灵活，人盯人防守方式更加流行，攻防两端高空球争夺更趋激烈，对篮板球的争夺更加重视。比赛整体的竞技艺术感增强，更具观赏性。

(2) 对全场比赛的时间、入场方式和球权细节进行了新的规定。将比赛改为上、下两个半场，每个半场分为2节，每节10分钟；实行三人裁判制：主裁1名，底线裁判2名；改争球制为交替球权制等。

(二) 我国篮球运动的发展历史

篮球传入我国的时间大约在19世纪90年代，当时最早开展这项运动的是天津市，天津市也因此成了我国篮球运动的发源地。受不同时期经济、文化和教育等各方面因素的影响和制约，我国篮球运动大致可以分为以下三个时期。

1. 传播期

由于当时的历史、环境和经济等方面的影响，我国的篮球运动得以发展。总体来看，这一时期我国的篮球运动基本上处于一种平稳发展的状态，此后经过近十年的传播，篮球运动才逐渐成为20世纪初大、中学校的主要体育活动，并从学校传入社会。此后，篮球运动得到了初步的发展和传播，并且逐渐开始举办篮球比赛，这也在一定程度上促进了篮球运动的进一步传播和发展。

2. 普及、复苏期

在"普及与提高相结合"方针的指引下，篮球运动受到政府的高度重视，篮随后在学校、工厂、企业、机关、部队等单位得到了广泛地开展，这些单位都组建了篮球队，有些还在业余时间进行了系统的训练。

20世纪50年代初，中央体训班篮球队在北京成立，这对于我国篮球运动水平的进一步提高具有非常积极的促进作用。为了使我国篮球竞技整体水平得到有效提高，主管部门采取了一系列的措施，具体来说，主要是进一步加速组建专业队伍，学习先进经验和打法，更新观点，积极参加国际比赛。经过一段时间的努力，在短期内取得了显著的成效，并且在国际交往中战胜了不少欧洲强队，也出现了一些优秀的学生。不久，各大地区都组建了篮球集训队，这也预示着我国的篮球运动进入了一个新的发展时期。

自20世纪50年代全国篮球联赛制度开始实行以后，我国篮球运动开始有了不同阶段的训练指导思想，并建立了相对稳定的分级竞赛制度。我国曾多次召开篮球训练工作会议，明确提出"积极、主动、快速、灵活、准确"的训练方针，从这以后，我国篮球运动开始走上有计划的系统训练，篮球技术水平也得到极大地提高。我国篮球运动的发展历程在对比世界篮球运动的发展历程的基础上，确立了篮球运动的训练指导思想，使我国篮球运动在思想建设、理论建设、队伍建设、赛制建设、科学研究等方面有了明确的目标和方向。

3.创新期

20世纪90年代中期以后,随着改革开放的逐步深入以及人们思想观念的变化,我国的篮球运动开始进入了市场化的发展道路。在这一时期我国的篮球运动得到了迅速地发展与提高,加快了与国际篮球运动接轨的步伐。

20世纪90年代,在国家体委"坚持正确方向,抓住有利时机,继续深化改革,发展体育事业"的精神指导下,坚持篮球运动"积极稳妥、健康有序"的改革方针,及时有效地抓住了外商注资的契机与外资集团合作,创造了我国职业化联赛的开端。20世纪90年代后期,国家体委成立了篮球运动管理中心,这在篮球运动的管理体制改革上迈出了重要的一步。随后把传统的全国甲级联赛改为中国男子篮球职业联赛(China Basketball Association,英文简称CBA),简称中职篮。通过几年的改革实践和努力,我国篮球事业拥有了新的生机和活力,不仅摆脱了初始阶段的困境,而且还呈现出更为广阔光明的发展趋势。中职篮联赛的成功进行吸引了各个年龄段的篮球爱好者和社会的关注,特别是在球队实力接近、比赛悬念丛生的赛季中,涌现出了一大批优秀的学生,他们在赛场的出色表现,有效地扩大了中国篮球联赛和中国篮球在世界的影响力。21世纪后,我国篮球运动的产业化发展步伐进一步加快,开始迈出职业化发展的新步伐。

第二节 篮球运动的特点与发展趋势

一、篮球运动的特点

(一)集体性

在篮球运动中,任何技术和战术行动的顺利实施与出色完成都需要队员之间的集体协同配合,所以每位队员的积极主动性和全队行动的协调一致性都非常重要。只有全队团结一致,精神集中地将集体的技能与智慧充分发挥出来，才有可能获得良好的成绩，这体现了篮球运动的集体性特征。

（二）对抗性

篮球运动是一项对抗性运动，队员之间直接发生身体接触，攻守的强对抗性是篮球运动的基本特征与规律。篮球的对抗性从诸多方面表现出来，如无球队员之间的对抗，双方意志品质和心理素质的对抗，争夺篮板球的对抗等。正因为篮球运动具有对抗性，所以才能对人的竞争能力与意识进行培养。

（三）多元性

篮球运动作为体育学科的一门课程，具有较强的学科交叉性，发展方向也越来越多元化，这从其在运动方面的知识表现中就能够体现出来。篮球运动的发展对学生的身体形态条件、生理机能水平、运动素质、心理品质、个性气质、运动意识、团队精神、道德作风以及专项技能与实战能力等提出了较高的要求，这也是篮球运动多元性的体现。

（四）变化性

篮球运动的进攻与防守转换非常迅速，几乎发生在一瞬间，所以比赛节奏非常快，观众也处于全神贯注、心理紧张的观赏状态，这反映了篮球运动的巨大魅力。另外，篮球比赛变化多端，学生应运用多种打法随机应变，各队都必须根据赛场上变化莫测的情况灵活应对，不断调整打法，这是篮球运动变化性特征的又一体现。

（五）综合性

篮球运动技术丰富多样，在实战中很少使用单一技术，大都以组合形式来应用，再加上赛场上的情况复杂多变，所以组合技术的应用也是多样化的，具有随机性。由于篮球运动的交叉边缘性的特点，这就要求教师应充分掌握科学化的训练手段，具有良好的管理能力与临场指挥技能，这体现出篮球运动是一项综合性运动。

（六）教育性

从篮球运动的发展历史能够看出其蕴含的教育内容非常丰富，这项运动不仅能够提高学生的身体素质，丰富学生的社会文化生活，促进学生的社会交往，还可以增强学生的自尊心与自信心。

另外，学生之间的统一行动、相互配合是以各自积极的道德情感作为基础的，强烈的责任感与荣誉感是团队并肩作战的重要精神支柱。所以，篮球运动可以培养学生良好的道德品质和集体主义精神，促进学生正确的价值观的形成与升华。

（七）职业性

随着世界各国职业篮球俱乐部的不断建立、篮球竞技水平的持续提高以及竞赛规则的不断完善，世界篮球运动飞速发展。篮球运动员体能、智能及技能的提高对于篮球运动的职业化发展进程起到了重要的催化作用。今天，全球职业化篮球已发展成为一项新兴体育产业，篮球运动的职业性越来越突出。

（八）商业性

随着篮球运动职业化发展进程的加快，篮球职业联赛也广泛开展起来，职业联赛的开展又对篮球运动进入商品化发展轨道具有重要的推动作用。篮球运动的商品化发展促进了篮球器材、运动服装等相关商品的开发，从商业角度来看，篮球运动员的技能也是商品，以营利性操作与经营为主的俱乐部不断增加。

二、篮球运动的发展趋势

（一）球队的"大型化"与球员的全面化

1."巨人的游戏"

从世界篮坛的发展历史看，随着篮球运动不断的发展和创新，球队越来越"大型化"，真正证明篮球运动是"巨人的游戏"，注重运动员身高、体重的均衡化。

篮球运动员的身材特点是身材高大，胸廓大，手脚面积大，四肢修长，臀部较小，踝围小，优秀的身体条件是运动员在场上自如运用技术的基础。

2. 全面的个人技术

所谓全面的个人技术，泛指运动员具备所有与篮球相关的技术能力，即十八般武艺样样精通。简单来说，全能篮球运动员要有以下能力。

(1) 无球移动技术包括跑动、空切、起跳、急起急停、前后转身、闪躲、腾空滞空等动作，做到快速灵活。

(2) 持球技术包括投篮、切入、突破分球、突破上篮、背打、抢进攻篮板等较为熟练的技术动作。

(3) 防守中快速移动，积极拼抢，紧贴盯防球员，给进攻球员施加一定的压力，有效降低对方的投篮命中率。

3. 位置区分更加模糊

从职业比赛中可以看出，篮球运动员的位置区分越来越模糊，优秀球员往往能胜任多个位置。对场上五名球员的位置进行区分，可以界定为中锋、大前锋（也被称为二中锋）、小前锋、攻击后卫（也被称为得分后卫）和组织后卫（也被称为控球后卫）。篮球运动在现代的快速发展，促使传统意义上的位置区分越来越不明显，目前已经没有绝对的位置区别。

4. 身体素质与机能更加出色

纵观世界篮坛，优秀的篮球运动员几乎都有着出众的身体素质，简单来说，体现在以下几方面。

(1) 视野宽广，反应迅速。

(2) 心肺功能良好，能够适应长时间、高强度的对抗，保持旺盛的精力。

(3) 身体素质综合发展，包括耐力、弹跳、力量、灵敏、速度、协调性、柔韧等素质，重点突出身体协调性和力量素质。

(二) 进攻速度加快，节奏分明

1. 快攻的作用更加明显

提高移动速度，加快进攻节奏，以最快的速度完成得分，这就是所谓的"快攻"。快攻是每支球队最常用的，也是必须掌握的一种进攻手段。采取快攻要有两个基本前提,一个是本队在后场篮板方面有绝对优势,能形成很好地控制;另一个是采取防守措施迫使对方失误,抢断后就地发起快攻。

快攻往往是在短时间内趁对方立足未稳,迅速发起潮水般的进攻,打得对手猝不及防,不仅让本方快速得分,而且能提高本队士气,给对方带来心理压力。

2. 注重进攻的节奏性

在比赛中,节奏的掌控对球队的进攻有很大影响。事实证明,快攻虽然有其优点,但也有不足之处,例如,一直提高进攻速度会导致短时间体能的大量消耗,体能下降后如果进攻速度无法降低,就很容易出现失误。

在篮球场上,"球权"显得十分重要。所谓"球权",就是本队控制住球,以获得更多攻击篮筐的机会。从某种意义上来讲,比赛结果的决定因素主要看谁犯的错误少,谁的失误少,谁就更有希望获胜;谁的成功率高,谁的得分自然就高一些。所以,如今世界高水平球队的进攻节奏具有的特点是快中求准,慢中求变。

3. 攻守转换更加迅速

在比赛中,防守方通过利用各种机会抢下球权快速发动快攻以及进攻方建立的失球地就地防守理念,促进了篮球运动中攻守的快速转换。在攻守交接中,各种技术的衔接不仅连贯协调,而且灵活多变,快速及时。

(三)对抗性增强,技术、战术、身体、心理和智力融为一体

现代篮球比赛中,大部分持球技术都是在高对抗的环境下运用的。在高对抗下,打好篮球要从以下八个方面入手。

第一,发挥思维能力,用头脑与智慧打球。

第二,熟知篮球运动规律,掌握篮球比赛的制胜因素。

第三,做到扬长避短,出奇制胜。充分发挥本队球员的特长,同时尽量限制对方的技术特点发挥。

第四，适应对手的打法，提高环境适应能力，善于变化，运用多项技战术，做到"兵来将挡，水来土掩"。

第五，具有顽强的意志品质，不论落后多少，局势有多艰难也要充满信心，做到不急不躁。

第六，行动果断，情绪稳定，该出手时就出手。

第七，胜不骄败不馁，在大比分领先时保持平稳心态。

第八，在激烈的对抗中控制好情绪，与对手斗智斗勇。

(四) 进攻更加多变，防守更具主动性

1. 主动求变是制胜的根本

篮球比赛的精髓是变化，而主动变化的原则集中体现在以下三个方面。

第一，技术运用要随机应变。篮球技术是相对固定的，有着严格的规范和标准，但技术的运用则是不固定的，要根据对手和环境的不同灵活运用，灵活运用的前提是运动员要有高超的技术能力和好的球商。

第二，战术运用要灵活多变。篮球比赛有着多种战术，每种战术有自己固定的流程，但在实战运用中应根据对手的不同进行灵活安排。在对对手情况有一个大概了解的基础上，部署具有针对性的攻防战术，做到知己知彼，百战百胜。只有掌握时机，主动求变，经常改变攻防节奏、攻防阵型和阵容配备，才能打得对方措手不及，从而使自己掌握比赛的主动权。

第三，应使打法更具观赏性。精彩的篮球比赛能吸引更多人的关注，受到更多球迷的喜爱，这是推动现代篮球社会化、市场化和产业化的关键。篮球运动形式体现的哲学与美学特点使篮球运动具有无穷的魅力。

2. 贴身紧盯，主动进行压制

在对抗中，防守队员要做到对盯防人若即若离，当对手运球时要紧贴防守，卡住线路与身位，主动发力对抗，给持球人施加压力，同时要做到全力以赴，坚持到底。

3. 以球为主，形成人、球、区、时兼顾的防守体系

篮球比赛中，不论安排什么样的防守阵型与战术，只要对方将球传出来，防守方的五名球员必须在严密控制盯防对象或盯防区域的情况下，向有球方向靠拢。此外，时间因素也相当重要，单回合进攻所剩时间越少，防守就应该越严密，形成人、球、区、时兼顾的多空间立体防守体系。

4. 防守战术的多变性

多种防守阵型的综合运用能给对手的进攻带来阻碍，往往能使防守更加主动，防守效率的提升还能对进攻产生带动作用。防守战术的灵活多变可以是防守形式的改变，也可以是防守区域的变化。防守形式包括盯人防守和区域联防，区域联防能改变为2—1—2、3—2及1—3—1等；区域上的防守位置可以改变为全场的、3/4场的、半场的或1/4场的；变化信号可以用手势来布置，也可以用语言来传达。

5. 加强整体协同防守的意识和配合

现代篮球比赛中，一对一的攻防对比的结果是进攻成功率远高于防守成功率，也就是说，一对一防守时很难防下来，因此加强整体协同防守的意识和配合是提升防守质量的关键。

常用的防守配合包括防掩护用假换防抢前堵截，防突破用关门复位或补防轮转，防强力中锋用包夹、围守等方法。

（五）强力中锋技术全面，活动范围广

1. 技术全面

目前，世界强队的中锋大多有很强的个人能力，具备多样的攻击手段和扎实的防守本领，不仅具备内线进攻的能力，还能进行中远距离投篮，身材高大，脚步灵活，转身敏捷，攻防意识俱佳，相当全面。

除了基本的攻防能力外，现代中锋还要有较强的传球、策应能力，尤其要有传球配合的意识。从高水平比赛中发现，一些有经验的中锋队员拿球后通常都不急于迅速进攻篮筐，往往利用脚步变化进行试探，待有两名防守者过来实施包夹时，适时将球传给空位的队友完成得分。

不仅如此,优秀中锋的传球方式多样,且隐蔽性较强。高水平中锋经常会参与球队的快攻,他们跑起来的速度也很快,充分证明了现代中锋技术全面的特点。

2. 进攻不受区域限制,进攻里外兼备

优秀中锋已经不局限于在篮筐底下狭小的空间之内活动,在三秒区外,甚至是三分线外都有踪迹,这样不仅能够加大自身的进攻范围,也能为外线队员进行突破、空切、区域配合提供非常有利的空间和条件。中锋队员的大范围活动能够加大对手防守的难度。

3. 配合意识强是进攻枢纽

优秀的中锋队员不仅要有全面的个人进攻技术,更要有主动与队友合作的愿望,有极强的团队配合意识,在场上承担进攻核心的地位。中锋通过与队友在高低位的掩护、挡拆、策应、拉开,给外线队员创造突入篮下或空切到篮下的机会。此外,中锋与后卫的高空配合增多,空中接力、吊拉、补扣等已十分常见。

4. 贴身进攻是重要手段

在现代高水平篮球赛事中,优秀中锋对贴身进攻的技法使用得非常普遍,并且渗透在不同进攻技术之中。这种情况从另一方面说明,如果想在激烈的竞争中博取一席之地,就要改变传统中锋镇守篮下、进攻手段单一的这种传统打法,必须有多样的手段。

(六) 提高准确率,降低失误率

观看比赛录像,对比赛数据进行分析可以发现,获胜一方在场上的表现体现了两个主要特点:一是具有较高的投篮命中率,二是在配合、空位跑动、传球中失误率较低。也就是说,在场上必须尽可能地将球投入篮筐,降低自身失误,这样才有希望获胜。

1. 高命中率

投篮是篮球比赛中进行攻守对抗的核心。随着篮球运动员打法的变革,如今强队中普遍都有多名擅长投三分球的高手,他们的出手距离越来越远,投篮范围覆盖所有角度,都是远投高手,且命中率非常高,如今的强队都依赖于高命中率赢得比赛。

2. 动作衔接转换快，判断、运用准确

篮球运动技术花样繁多，在比赛中，每个技术动作的运用都要做到准确无误，这样才会取得良好的效果，帮助球队占据主动。现代篮球比赛速度快，对抗频繁，技术动作的运用是由两个或两个以上的动作组合呈现的。

在组合技术动作的运用中，一个动作可和多种动作进行组合，一个动作又具有不同的变化形式。因此，在动作组合与衔接过程中，必须认真判断，做到不同动作之间的衔接与配合。

3. 在高对抗下进攻手段丰富，变化多，投速快

现代篮球比赛中身体接触司空见惯，防守具有很强的侵略性，防投篮是防守者主要的防守目标与防守重点。在快节奏的高对抗中，若想找出空位投篮的机会是十分困难的，一般来说，投篮出手都是在受到严防死守的状态下进行的。在强对抗情况下，进攻队员大多采取强行推进或利用脚步晃动或时间差出手，或者采用抛投、高打板等相对特殊的投篮方式躲开对方的防守和干扰。

4. 提高传球的准确率，减少失误

传球是篮球运动中非常重要的一项技术，是组织进攻的纽带。准确而富有创造力的传球不但能降低失误率，而且还能制造良好的得分时机，促进投篮命中率的提高。相比之下，对后卫队员的传球技术有着更高的要求。

一名好的球员，在做到精准传球的基础上，必须眼观六路，视野开阔，尝试各种传球方式与传球技巧，这样能完成突破对方防线的精妙传递，能够直接助攻队友得分。

（七）优秀运动员低龄化，运动寿命延长化

纵观世界篮坛，不仅运动员的年龄呈年轻化趋势，而且运动员的运动寿命越来越长。现在有很多球员在17~19岁时就已经成为明星球员，成为球队的中坚力量，并具有与年龄不相匹配的成熟，具有大将之风。

出现这种情况主要是科研的进步促使运动员的训练更加科学,还有世界篮球职业化进程的加快,多方原因促使运动员成才速度快,运动寿命延长。

现代篮球还有一个特点,就是久经沙场的老将也能保持非常好的竞技状态。据相关资料显示,近年来35岁以上的运动员还能打出非常好的比赛成绩,其对胜利的渴望、自身打球的斗志一点不输给年轻人,这是由于他们常年坚持科学化训练,保持良好的生活习惯与生活规律,所以能延长运动寿命。

优秀的篮球运动员是世界篮球运动的财富。他们运动寿命的延长,不仅能让篮球运动更加精彩,给球迷带来更多的快乐,提高了篮球赛事的价值,而且还可以把他们的篮球精神传承给年轻人,为篮球运动的发展作出贡献。

(八)教师的训练、管理、指挥能力更加重要

不同于其他单人或双人运动项目,篮球是集体项目,场上有5名学生参与,一支球队的人数达到12人以上,所以是一项注重团队协作配合的运动项目。

一支球队中有多名球员,而每一名球员又都是独一无二的,他们在技术风格、性格特征上是不同的,如何将这些学生团结起来,打造成一支训练有素、战术素养高、实力出色的队伍,就体现出教师的执教水平、管理能力和临场指挥能力。这就要求教师要有过硬的自身素质,爱岗敬业,具有较高的道德素质,具有为篮球事业无私奉献的精神;同时还要不断进取,加强个人学习,提高自己的知识水平,加深对篮球运动的理解,在技术水平、战术研究、身体训练、临场指挥方面不断提高自身能力,具备深厚的篮球理论知识和良好的心理素质,具有较强的综合能力素质。

对于教师来说,球队管理工作同样不可忽视。打球之前先做好人,这是竞技篮球的重要操守。教师对学生进行教育的内容包括对世界观、人生观、价值观的培养,集体主义、爱国主义的教育,要使学生树立团

队协作的精神，形成职业道德规范，具有良好的比赛作风，具有高尚的体育职业道德。

对于教师来说，优秀的临场指挥能力和出众的临场应变能力是带领球队取得好成绩的根本。对球队的整体实力有一个清楚地认知，安排球员阵容，部署技战术方针，建立自己的攻防体系，这是赢得比赛的关键。在胜利之余及时发现球队的不足，稳步前进；不论遇到多强的对手都满怀信心，打出实力；输球要从自身寻找原因，在今后训练中加强这方面的练习，不责备学生，调动每个学生的积极性，挖掘他们的潜力，培养其团队精神。

（九）向职业化、产业化方向发展

我国早已进入市场经济，因此篮球运动的职业化发展是必然的。按照市场经济的"游戏规则"，篮球运动可以利用高水平赛事的商品价值和文化价值，参与社会商业活动与文化活动，并取得不菲的经济收入，满足人们的精神需要，这种运作模式就是职业化。

为适应市场经济体制改革，顺应世界篮球运动的发展，提高篮球运动的魅力与价值，我国在20世纪90年代开创了自己的全国篮球联赛。从此，"篮球职业化"这一概念被反复提起，在各路媒体和学术研究中逐渐兴起，有关"篮球职业化"问题的研究，成为近年来业内的关注热点。

1. 职业篮球的产生推动了篮球运动快速发展

篮球运动的职业化改革是世界篮球发展的大势所趋。大量实践证明，职业化是市场经济体制下的产物，篮球职业化后具有更大的商业价值，能获得更多的经济利益，能给各职业俱乐部和篮球运动员带来丰厚的物质回报，使他们充分提高自己的经济收入，能以更高的热忱参与今后的训练和比赛，从而对篮球运动水平的提高产生刺激作用，推动篮球运动进一步发展。

2. 大力开发篮球产品，加速篮球产业化进程

职业篮球市场化和产业化运作后必然会出现各种篮球产品。从产品

的基本特点和使用价值来看,有本体产品、相关实物产品和延伸产品。本体产品包括篮球赛事、篮球健身俱乐部、篮球训练营、品牌、赛事版权等;相关实物产品包括用品、器材和装备等,如篮球、篮球鞋、篮球袜等;延伸产品包括伴随篮球活动而产生的饮食、住宿、旅游以及纪念品、球星卡等衍生品。

只有花大力气开发本体产品,带动相关产品及其延伸产品的产业化发展,加速篮球运动的产业化进程,活跃篮球市场,才能促进篮球运动的快速发展。

第三节 篮球运动对高职学生的影响

一、篮球运动对高职学生身体素质的影响

身体素质主要分为两大类:第一,身体健康素质,这与普通人的健康状况有密切的联系;第二,身体运动素质,这与人的运动能力和竞技水平有密切的联系。对普通高职学生来讲,即使二者之间的联系较为密切,但仍是两个不同的问题,需要分别进行阐述。

(一)篮球运动对身体健康素质的影响

人的身体健康素质与自身的健康状况联系紧密,有人将其称作健康体适能。

1. 篮球运动对有氧代谢能力的影响

篮球运动有利于增加人体单位时间内气体的呼出量,使呼吸肌得到发展,能促进血液循环,加强组织器官利用氧和其他营养物质的能力。篮球运动负荷较大,在一场比赛中,学生在剧烈运动的情况下其最大心率可超过210次/分钟,当比赛因违例、换人等情况暂停时,心率会逐渐降到25次/10秒左右。由此可见,在篮球比赛中,一般以有氧代谢功能为主,有利于学生始终保持充沛的精神和动力。

2. 篮球运动对肌肉力量的影响

篮球运动训练能够增粗骨骼肌组织和增加力量。动员更多的运动单位，是增加肌肉绝对力量（或称最大力量）的另一种途径。一个运动神经元（神经细胞）与它所支配的一组肌纤维（肌细胞）的总和就是运动单位。篮球运动强度大小不同，运动的幅度大小也不同，属于一项全身性的运动，而这些运动都受神经系统的支配。经常参加篮球运动，可较好地适应与协调神经系统，动员更多的运动单位参与收缩，使相同肌肉产生更大肌力。

在日常生活和体育锻炼过程中，不仅需要肌肉的绝对力量，更加需要肌耐力，即肌肉持续做功的能力。经常参加篮球运动，能增加肌肉中三磷酸腺苷的含量，提高肌肉耐力，延长肌肉工作时间。

3. 篮球运动对身体柔韧性的影响

篮球运动中包括诸如跑、跳、投等许多身体动作，都需要身体各部位的协调配合才能够得以完成，学生技术动作、场上位置的不同，对身体各处的柔韧性要求也不同，因而能够使身体的柔韧性大大增强。

（二）篮球运动对身体运动素质的影响

身体运动素质通常包括人的力量、速度、灵敏度、耐力等各项素质，它们直接影响人的运动和竞技能力。

篮球运动中的各种运动动作都必须通过全身各部位的有机协调配合，这些动作能够充分调动最大肌群力量，达到最佳做功效果。篮球运动对下肢力量以及全身用力程度有一定的要求，在比赛的防守和进攻中，学生为了达到比赛需求，必须逐渐提高弹跳力素质。篮球运动中的堵截、起动、抢断等动作要求学生速度快、爆发力强，十分考验学生的速度素质和反应度。篮球运动是一场高强度、对抗性的比赛，各种对抗活动持续在整个比赛过程中，对学生的力量、耐力都是极大的考验，也是在这种持续的考验中，学生的各项素质得到培养和增强。

二、篮球运动对高职学生心理健康的影响

激烈的社会竞争会给人很大的生活压力,虽然高职学生还未正式迈进社会,但校园中也会有竞争、压力和各种烦恼的事情,同时他们正在逐渐与校外的世界建立联系,因此压力和不适情绪也会时刻困扰着他们。他们处于身心发展完善的关键时期,相对敏感和脆弱,陷入心理健康危机会对学生产生深入而持续的影响,因此学生心理健康教育工作是高职院校教育的一大重要内容,而这可以通过篮球运动教学进行贯彻。通常,篮球运动会对学生的心理健康产生以下影响。

(一)篮球运动有助于学生进行良好的情绪体验

衡量体育锻炼对心理健康的影响,情绪状态是最佳的衡量方式。人在复杂的社会中生活,难免会产生忧愁、紧张、压抑等情绪反应。在转移个体不愉快的意识、情绪和行为,摆脱烦恼和痛苦上,篮球运动可以起到转移注意力的作用,从而带给人快乐和成就感。

1.篮球运动有助于学生体验身体运动带来的快感

篮球运动是一项强对抗性、刺激性的体育运动,对个人的技艺水平、团队作战能力有着极大地考验,赛中总是一个动作、一个技术间的持续衔接和转切,节奏快而鲜明,学生能够从中体验到强烈的运动快感。在组队进行篮球比赛时,学生能全心投入比赛对抗中,忘掉作业和功课的烦恼,与队员为了统一目标而努力,一场比赛下来虽大汗淋漓、筋疲力尽,却被强烈的兴奋感和愉悦感占据。此外,篮球比赛非胜即负,这种关于胜负的追逐能激起学生强烈的好胜心,在对胜利的追逐中会产生一种强烈的兴奋感,获得一种极强的情绪体验。

2.篮球运动有助于学生体验成功和成就感

篮球运动不仅看重个人的技艺水平,同时强调团队作战能力。学生在场上灵敏运用各种技术服务于团队战术,为了团队目标而挥洒汗水,通过自己的努力累积团队作战能力,这期间无论最终的胜负结果如何,

都可以体会到强烈的成就感和满足感，这种成功的体验对人的精神情感和生活质量会有极大影响。

3. 篮球运动有助于学生体验人际交流时的愉悦感

篮球运动是一项集体运动，学生之间的沟通和协作是十分必要的，在作战的全程，学生之间会紧密接触和有效沟通，在此过程中会建立紧密的情感关系，在融入集体的同时，感受到人际交流的愉悦感。

（二）篮球运动有助于减轻学生不良的焦虑状态

人们常会因为各种事情而焦虑，这种焦虑情绪会使人沉闷而痛苦，学生的焦虑情绪严重时可威胁身心安全，必须加以制止。篮球运动可以有效减轻不良的焦虑情绪。

1. 篮球运动有助于疏导学生的不良情绪

高职学生处于身心发展和完善的关键时期，情感脆弱而敏感，来自学习、家庭、就业、竞争等各方面的压力会使他们感到焦虑不适，对此必须进行必要的心理辅导。而除了心理辅导之外，提供给他们一些情绪发泄的渠道也是非常必要的。激烈的篮球运动无疑有助于学生宣泄情绪、释放情感，缓解焦虑和不适，促进心理健康。

2. 篮球运动有助于调节学生紧张的人际关系

篮球运动是一项集体协作运动，与他人的交流和沟通是必不可少的。参与篮球运动，学生会与队员之间进行自然接触和交流，在相互沟通中打破交流障碍和壁垒，彼此鼓励、协作、认可、信任，使人更加自信和乐观，有助于进一步调节人际关系。

（三）篮球运动有助于学生塑造健全的人格精神

1. 篮球运动有助于完善学生个性心理特征

个性心理特征包括个人的性格、能力与气质，具有稳定性的特点。篮球运动是一项集体性运动，要求学生能够灵活应对和机智解决场中的一切变化和问题，对学生的能力是极大的考验和培养。在运动中培养学生坚韧、耐心、自信的性格品质和气质，对于个性心理特征的完善是极为有益的。

2. 篮球运动有助于提高学生抗挫折的能力

篮球比赛节奏强，非胜即负，学生在比赛中的技战术运用必须灵活且机动。篮球比赛中的失败是不可避免的，学生在一次次技术运用、战术合作，一场场竞赛比拼中感受挫折、愈挫愈勇，不断总结经验，提高了自我，磨炼了身心，提高了抗挫折的能力，这种能力对于学生的人生成长来说是大有裨益的。

3. 篮球运动有助于改善学生的精神面貌

篮球运动是一项健康的体育运动，它对人的精神面貌会产生良好的影响。大学校园内会举办各类大小不同的篮球赛，这些活动为学生提供了互相学习、竞争、彼此沟通的场所，通过参与或观看这些充满活力、生机与生命力的活动，有利于熏陶学生的精神，形成科学、文明、健康的生活态度，改善学生的精神面貌。

三、篮球运动对高职学生社会适应能力的影响

当前社会经济和科技迅猛发展，社会正持续变化着，对此调节失当的学生会有适应不良之感，应通过有效的手段培养和提高学生对社会的适应能力，篮球运动在这一过程中广告刚好能够发挥显著的作用和影响。

（一）篮球运动对学生社会价值观念的影响

1. 篮球运动有助于培养学生的创新意识与领导能力

场上篮球技战术的运用是一个不断创新的过程，面对不同的攻守情况和对手特点，学生必须对技战术进行及时调整和有效组合，根据具体情况做出恰当反应。篮球运动依赖于个人谋略和团队作战，能够有效培养和提高学生的思维和应变能力，同时能够培养学生的创新意识，这些培育与篮球场上的优良品质会逐渐渗透学生的学习、生活和工作，对学生的成长和发展起到有利作用和影响。

此外，团体作战的篮球运动也会考验和培养学生的组织和领导能力。篮球运动是包括学生、教练、医生等全员参与和配合的体育运动，在团队的组织和配合中队员自身也感受到组织领导的重要性，并从中参与组织领导，能够有利于培养和提高学生的组织领导能力，这对于学生来说也是一种不错的人生体验，对其日后发展肯定是大有裨益的。

2. 篮球运动有助于培养学生的合作意识与竞争能力

合作需要两人或两人以上的人互相配合和协作，是人与人相互作用的一种基本形式。此外，竞争也是人与人相互作用的一种基本形式，它催人上进，促进人的发展和完善。篮球运动中无时无刻不体现出竞争与合作，它有利于培养人的合作意识和合作精神，这会对学生以后的社会生活产生极大帮助。同样地，在篮球运动中培养出的竞争意识也会潜移默化到学生的社会生活中，使学生认识自我，改善自我，完善自我，实现全面发展。

3. 篮球运动有助于培养学生的沟通意识与组织能力

如何建立良好的人际关系是个体在社会化过程中面临的首要难题。在人与人之间的沟通过程中，人际关系能反映心理满足感，个体的社会化过程的实现建立在人与人之间的相互交往中。篮球运动为学生相互沟通提供了良好的条件，个体不同的学生组成一支队伍，在一场赛事中为了同一目标而前进，这一过程就需要学生互相进行沟通和交流，也是一种人际交流和沟通。此外，篮球运动需要团队合作，良好的组织性是队伍赢得比赛的基础，学生在思想和行动上必须保持一致性，因此，篮球运动有利于培养学生的组织能力。

（二）篮球运动对学生社会规范行为的影响

1. 篮球运动有利于规范学生的行为

出于合理性、公平性、观赏性、刺激性以及安全性等多方面的考虑，篮球这项运动附有各项规则规范，这些规则贯穿篮球运动始终，体现了篮球运动的体育道德精神，是每一名篮球运动爱好者和参与者都必须遵守的。参与篮球运动有利于学生深刻理解"规则"这一含义，并逐渐培养和形成健康文明的社会行为习惯。

(1) 篮球竞赛规则对学生的社会行为具有约束力

参与篮球运动时，学生必须遵循其中的各项规则，规则意识是篮球运动过程中必须具备的。在比赛中一旦触犯某些规则就会被处以相应责罚，篮球运动严格的判罚制度规范了篮球赛事纪律，同时也规范了学生的运动参与习惯，这种规范行为会逐渐渗透学生的学习、生活和工作，使他们形成自觉守约的意识和能力。

(2) 体育道德精神对学生的社会行为具有影响力

篮球运动对抗性强，激烈而且节奏鲜明，其中虽涉及了许多攻击性动作，但这些攻击动作永远被规范在合理的范围之内。篮球运动的一些技战术满足了学生的攻击意识和需求，同时也会相应设置一些竞赛规则加以规制。这种规则是学生的社会行为的控制器和调节阀，集中体现了篮球运动中的体育道德精神，有利于确保在公平合理的情况下达到攻防的目的。篮球运动领域对文明、尊重、健康的道德精神的极大推崇，使得学生也会在这种规则的影响下逐渐形成良好的品质，并渗透他们的生活和工作，进一步规范自身的社会行为。

2. 篮球运动的角色定位有助于学生理解社会分工与转换

每个人在社会生活中都有不同的角色分工，如儿女、姐哥、父母、教师、学生、上司等。人们总是辗转于各种角色分工之间，为扮演好每一个角色、尽好每一份职责而努力，有时欣慰满足，有时也会感觉疲劳，难以应对。如何在现代社会中灵活切换各种社会分工，成为现代人关注的一大问题。

篮球运动设有不同的角色和分工，一名运动员可能会因为战术需要在中锋、前锋和后卫之间来回切换，需要在比赛场上临时调整战术、位置和任务，就如同现代生活的社会角色分工一样，因此篮球运动能够帮助学生深刻领悟角色职责，培养社会分工和转换的意识与能力。

(三) 篮球运动对学生现代生活方式的影响

1. 篮球运动对学生生活习惯的影响

学生处于身心发展的关键时期，一些生活习惯在此期间会逐渐养成并定型，这些生活习惯通常会影响他们的一生。良好的习惯能帮助学生塑造美好人生。对于处于成长和发展阶段的学生来说，养成良好的生活习惯是十分重要且必要的。篮球运动是一项紧张激烈且需耗费许多精力和体力的体育运动，经历一场激烈的比赛对决后，学生通常会进行适当的休息并进行营养和能量补充，长期坚持参与篮球运动，学生就会逐渐形成良好的生活规律和习惯，而这些习惯会对学生的身体健康和未来发展产生重要的影响。

2. 篮球运动对学生生活节奏的影响

伴随着社会经济的快速发展，人们的生活节奏越来越快，生活压力也持续增强，加重了人们的身心负担。学生的课业压力大，如何适应快节奏的校园生活是学生必须考虑的。对此，篮球运动有一定的积极效果。在篮球教学课内外，紧张、刺激、激烈具有趣味性的篮球运动会让学生放下所思所恼，体会成功、兴奋和快乐，从快节奏的生活中摆脱出来，享受生活、调剂生活、释放压力，做一名积极快乐、有希望、有朝气的学生。

3. 篮球运动的发展与大众体育传媒之间的相互促进

篮球运动的形成和发展促使了大众体育传媒的形成，大众体育传媒帮助学生进一步认知体育信息和知识，对学生的运动参与、健康意识以及文化修养产生了极大影响。

(1) 大众体育传媒拓展了体育文化时空

大众体育传媒满足了人们日益丰富的娱乐和文化需要，织造了一个广大、错杂的"体育信息环境"，在这种环境下，学生的体育行为和意识得以深刻塑造和影响，同时在阅览和获取了大量体育信息之后，学生的"知识库"得到进一步扩大和丰富，个体行为也会在此过程中受到潜移默化地影响和改变。

（2）大众体育传媒增强了学生的参与意识

现代传媒技术的发展扩大了人们获取信息的渠道，同时扩大了人们参与篮球这一赛事的渠道，增强了高职学生的参与意识。随着大众体育传媒的发展，学生了解了更多关于篮球运动的资讯信息，包括技战术、篮球规则、篮球重大赛事、篮球优秀学生和明星等，这些都在很大程度上鼓舞了学生参与篮球运动，为篮球运动的开展打下了坚实的群众基础。

（3）篮球运动的发展促进了大众体育传媒的发展

我国篮球运动的发展无疑带动了大众体育传媒事业的发展。大众体育传媒发布篮球赛事现况，直播、报纸、广播等传媒渠道皆因为篮球运动而积极调动，使得大众体育传媒本身得到积极发展。

第二章 高职院校篮球教学理论

第一节 高职院校篮球教学概述

一、我国高职院校篮球的教学思想和观念

（一）篮球运动规律的理论

篮球运动规律的理论主要包括篮球运动观和篮球技术技能观。教材体系的改革和更新是随着新的篮球运动规律的理论变化而变化的，这样不仅能使教材体系得到进一步的改良和优化，还能使教材与篮球运动的规律更加贴合。同时，篮球运动规律的理论是对篮球运动规律的再认识，它是层层革新的成果，对篮球教材的体系能否适用于当下篮球运动的发展趋势起着重要的决定性作用。

（二）篮球教学过程中师生之间教与学的相关活动

篮球教学过程中师生之间教与学的相关活动是以教师与学生为主，围绕着篮球教学所开展的相关活动，是对篮球教学的主、客体关系及其教学过程的再认识，对学生学习的动机和积极性有很大的影响力。从新的教学观角度来看，在高职院校篮球学习活动中，学生肯定是学习的主体，主导则是教师和教练，只有将主体与主导之间的关系分清楚并且处理后，才能更好地提高教学质量。

（三）篮球教学过程中篮球技能习得规律的理论

所谓篮球教学过程中篮球技能习得规律的理论，简单来说，就是对篮球技能性质和习得规律的再认识，它在教学效率和教学过程中都有着

举足轻重的作用。

二、高职院校篮球教学改革取得的经验

高职院校篮球教学的改革一直都在进行，并且在这个过程中取得了比较好的成果，这少不了来自多方面的支持。通过与改革实践相结合，可以将经验总结为以下几个方面。

第一，树立现代教学观念和思想的思维模式，不仅要从篮球运动规律和教学理论研究的角度出发，而且还要学习研究教育学的科学理论，只有将改革的基本方案和依据确定好，才可以对篮球教学进行改革，从而达到最初的理想效果。

第二，改革的主要目的是从实际出发，以提高教学质量和效益为目的，更准确、深刻地认识篮球教学的规律。

第三，改革是一个边实践边摸索的研究过程，所以改革需要与教学的具体情况相结合，有针对性地进行更改，同时只有将改革作为篮球教学训练的长期性工作，才能实现更为合适的改革目的。

第四，在篮球教学改革的过程中，不仅要加强开发应用研究的成果，还需要大范围推广和使用来自改革实践中的理论成果。

第五，在篮球教学改革的过程中，不断在篮球教学实践中进行创新，从而推动高职院校篮球运动的发展。

三、我国高职院校篮球教学的发展趋势

我国高职院校篮球教学发展的前景广阔，发展的空间很大，未来可期。只要采取科学合理的措施，还是能够让我国篮球教学的水平有一个更大的提升空间。我国高职院校篮球教学的发展趋势有以下几点。

（一）篮球教学改革朝着更加全面化的方向发展

未来高职院校篮球教学要把教学改革措施持续、坚决地推进下去，还要结合实践，让篮球教学改革朝着全面化的方向发展，也只有通过不断实践才能让篮球教学的内容和教学形式能够被学生接纳，进一步提高

学生对篮球教学的兴趣，同时也能够加强学生的篮球知识和篮球技能。

（二）篮球教学组织方式朝着更加多样化的方向发展

随着我国对高职院校篮球教学的重视程度越来越高，高职院校篮球运动的运动器材变得更加丰富，而且运动场地也变得更大。更可观的是，高职院校学生可以灵活地安排课程，不做硬性要求，而且参与篮球活动的时间随意性也比较大。为了丰富学生的课外活动，增强学生的积极主动性，可以合理运用闲暇时间，以自愿的形式建立更多丰富多彩的篮球教学组织形式。例如，可以不定期举办篮球文化节，举办以系或者院为单位的大型篮球联赛，组织篮球俱乐部等。与此同时，高职院校教师也可以积极参与进来，采取一些可行的措施。例如，给学生创造客观条件，各系教师参与篮球联赛等。除此之外，还可以在条件允许的情况下为篮球场提供相应的配套设施，使教师与学生都能积极主动地参与进来，在篮球场上尽情挥洒汗水，舞动青春的步伐。

（三）篮球教学氛围朝着更加和谐化的方向发展

在篮球教学过程中，应该是以活跃、轻松、自在的气氛为主，因此需要教师与学生积极配合。教师作为主导，理应发挥其主导性作用，使学生的主体性得到更好地实现，因此二者是相互融合，相互联系的。课堂教学时，要以和谐愉悦的气氛为主，这样的教学方式必定会使学生的学习达到事半功倍的效果。与此同时，在篮球教学中，教师可以适当地将主动权交到学生手上，让学生在学习过程中主动参与篮球教学活动，尽量提出自己的观点，以此增强学生对篮球教学的积极主动性。

（四）篮球人才培养体制朝着更加完善化的方向发展

在篮球教学不断发展的同时，篮球人才的培养体制也需要进一步改良。根据我国篮球人才培养的现状来看，可以从两个方面着手：第一，可以从篮球知识以及篮球技能和篮球比赛能力上进行优化，这可以通过各种训练和比赛逐渐提升。第二，可以从日常的学习上进行优化，具体表现在篮球队员的学习情况以及考试成绩方面，学校教师要将这些具体情况进行分析统计,然后对篮球队员进行有针对性的辅导。除了教师有针对性的辅导之外,篮球队员本身也要时刻关注自身的学习状态以及学习情况,以全面提高自己的成绩为目标,全心全意投入学习中,并且根据自身的不足做出调整。

(五)篮球运动的投资途径朝着更加多元化的方向发展

篮球运动想要得到更好的发展,必然少不了一定的经济基础。在当今社会形势的推动下,高职院校篮球运动走向市场是必然的,进入市场后必须扩展篮球运动的资金来源,而校企合作是实现高职院校篮球运动资金来源的重要途径之一,简单来说,就是高职院校组建篮球队,用以企业名字命名的方式获取企业赞助。另外,将高职院校篮球作为一个产品进行包装和推广,也是一个很好的募集资金的方式,这对高职院校和企业来说是一种双赢的模式,不仅能给企业带来品牌效益,在一定程度上对高职院校篮球也起到了积极的促进作用。所以说,篮球运动想要得到更广阔的发展,其投资途径必须向着多元化的方向发展。

第二节 高职院校篮球教学的基本原则与主要方法

一、高职院校篮球教学的基本原则

任何事情都有它的原则,篮球教学也不例外,教师在篮球教学活动中一定要遵循教学原则。教学原则是教学规律的总结,是教学规律的集中反映。篮球教学的原则大致可以分为两个部分,即一般教学原则和专项教学原则。

(一)一般教学原则

高职院校篮球教学的一般教学原则简单来说,就是直观性原则、渐进性原则和自觉性原则。

1. 直观性原则

直观性原则是指在教学过程中,教师要利用直观手段引导学生直接地感知事物，同时利用学生已有的经验和感官，通过简单的途径对篮球战术的认知有一定的感觉，并能将这些内容和思维相结合，这不仅能激发学生的学习热情，而且能让学生更好地掌握篮球技能，有助于发展学生的思维能力和观察力。而在篮球教学中，一般会使用的直观教学方式有动作示范、电影、观看战术图片等。

感觉作为认识的前提，是极具意义的。篮球教学中，想要提高教学效果，把直观性原则运用好是很有必要的。在篮球教学中实施直观性原则的同时应注意两个方面，一是注意明确目的，二是将学生学习的积极主动性和创造力激发出来。

2. 渐进性原则

渐进，就是要一步一步来，不能操之过急，不然结果会适得其反。简单来说，渐进性原则就是按照科学的逻辑系统和学生所熟悉的认知规律进行教学活动，从易到难、从简到繁、从单一到综合地逐步深化与提高，让学生在这样循序渐进地指导下由浅入深地掌握篮球基本知识以及基本技能和运用能力，从而让学生形成严谨的思维逻辑，更好地掌握篮球技能。

想要更好地贯彻渐进性原则，达到更好地教学效果，还需要注意两点：一是注意教学内容的系统化；二是科学合理地安排运动训练。

3. 自觉性原则

自觉性是一个常见的词，不管做什么都需要自觉。自觉性原则就是有意识地、积极主动地完成一件事。在教学过程中，教师会通过一些方法调动学生的积极主动性，使学生的自觉性得到启发，从而取得优良的学习效果。在篮球教学活动中，学生是学习的主体，想要他们在学习中取得更好的效果，教师很有必要贯彻自觉性原则。例如，可以采取各种措施充分调动学生学习的主动性，可以通过某种问题引导他们主动思考，可以通过练习篮球战术，在练习中对不熟悉的部分进行探索。这样的方式不仅能够增强他们对篮球理论、技术等内容的学习的自觉主动性，还能更好地提高他们分析、解决问题的能力。

在篮球教学活动中，如何才能贯彻学生的自觉性原则呢？首先，要让学生明确自己学习的原因是什么，学习的目的是什么，从根本下手，教师有义务调动学生学习的主动性。其次，师生关系也是非常重要的因素，和谐的师生关系和良好的学习氛围有利于增强学生学习的自觉性。由此可以看出，教师在学生学习中扮演着一个重要的角色。

(二) 专项教学原则

高职院校篮球教学应遵循的专项教学原则主要包括以下几个方面。

1. 学习技术动作与实战对抗运用相结合的原则

学习技术动作与实战对抗运用相结合的原则简单来说，就是从学习到技术，一定要在实战中运用起来，在二者相适应的过程中将二者结合起来，才有可能取得理想的专项学习效果。篮球技术具有对抗性和开放性的特点，这一特点在某种程度上决定了实战对抗能力在篮球教学中具有重要的地位。贯彻这一原则时，学生不仅要将技术看作是身体的本能操作，而且要在学习篮球技能的时候，建立对抗的概念和技术实效概念。换个角度来说，篮球技术的形成与发展离不开实战，篮球运动的演进就是其技术动作的学习与实战不断适应的过程。从策略的角度来说，篮球技术动作的学习与篮球实战运用之间相结合的发展，非常符合开放性运动技能教学的规律。

2. 技术个体化和区别对待的原则

学生是篮球教学的主体，他们的身体素质、行为习惯、对篮球的了解以及篮球方面的经验都是存在差异的，篮球的教学目的就是让初学者通过不断练习形成符合自身条件的动作和行为，所以篮球教学要在遵循规范化的基础上接受学生的个体化，接受学生之间存在技术动作上的细微区别。与此同时，还要以学生的具体情况为基础有针对性地进行教学，而且要把握适当的学习进度，将贯彻区别对待原则实行得更好。

3. 专门性知觉优先发展的原则

专门性，顾名思义就是为了某件事而特意做的某种动作或准备；知觉是直接作用于感觉器官的事物的整体在脑中的反映，是人对感觉信息的组织和解释的过程。而篮球运动中的专门性知觉发展的过程主要是对环境和器材的感知,主要包括篮球、器材、场地等,其中手指、手腕对球的掌控能力是专门性直接优先发展的重要因素,在篮球教学活动中发挥着重要作用。综上所述,专门性知觉优先发展的原则是极具意义的,并且需要严格执行。

二、高职院校篮球教学的主要方法

教学方法其实就是教师向学生传达知识技能的媒介,通过它,师生之间可以进行更好的信息交流。根据现代化教学理论和篮球教学的实践经验,可以将篮球教学的方法分为"常规方法"和"现代方法"两个部分。在高职院校篮球教学过程中,可以将两种方法结合到一起综合运用。

(一) 常规方法

常规方法是现代方法的基础,它是很多教师多年以来的教学经验所累积下来的有效的方法总结,也是极具教学意义的。篮球教学的常规方法具有程序简单以及讲究方法配合的明显特征,而且非常注重教学双边活动中教师传授知识技能的方法和形式。在篮球教学过程中用到的常规教学方法主要有以下几种。

1. 讲解法

所谓讲解法,就是指在教学中使用精准、简洁的语言对相关教学内容进行分析和讲解,使学生更容易理解教学内容。讲解法的主要内容包括技术动作的方法和措施,各种战术配合的要点以及运用中所需注意的各种事项等方面的技巧。

在运用这种方法时需要注意两点:一是突出讲解重点,把握讲解的时机;二是让讲解的内容与学生所学知识的掌握程度相符合。

2. 演示法

演示法是指教学中教师适当地示范战术动作和技术方法,可借助PPT演示、投影仪录像等媒体手段,使学生通过观看教学示范领悟教学内容的一种方式。在篮球教学过程中，一般采用示范和解说相结合的方法，使用演示法的同时还需要注意示范者动作是否正确。

3. 练习法

练习法是在讲解法与演示法的基础上进行的一种方法，主要是让学生进行身体练习，从而达到掌握篮球技能的目的。练习法也有不同的类别：以练习模式为依据的话，它可以分为简单练习、复杂练习、完整练习、分解练习；以运动特性为依据的话，又可以分为个人技能练习和团队技术练习以及对抗练习和配合练习等。运用练习法的同时要注意时间上的合理安排以及练习进度，把追求效果作为目标，这样会让练习更加事半功倍。

4. 纠错法

学生在进行技术和战术的练习过程中难免会出现或多或少的错误，而教师要做的就是使用正确的方式对其进行纠正和分析，这就叫纠错法。通常在篮球教学过程中，教师要和学生积极配合，找到引起错误的原因，然后有针对性地解决，这样不仅有利于和谐的师生关系，更能提高学生的篮球理论知识和技术。而常见的纠错方式有"诱导法"和"条件限制法"两种。

综上所述，四种教学方法是一个完整的体系，相辅相成，缺一不可。在运用这些方法时，需要根据实际情况将这几种方法结合起来，互相配合，才能实现教学目的。

(二) 现代方法

现代方法就是近年来以现代化教学的理论为依据所发展起来的一种教学方法，简单来说，就是将现代信息论、科学论、系统论等融入教学实践。现代方法主要针对传统教学过程中所残留的各种瑕疵，经过合理的教学设计，在教学中能够最大限度地发挥教师的主导作用和学生的主体作用，而且教师可以采用启迪和诱导的方式，调动学生的积极主动性，从而提高学生的学习效率，培养学生的学习能力。

高职院校篮球教学的现代教学法主要有五种：掌握学习教学法、合作学习教学法、程序教学法、指导发现教学法、案例教学法。

1. 掌握学习教学法

首先,制定一个目标分类体系,就是以教学目的和初始测量的结果作为主要依据,将传授的教材内容解析成为别具一格、不同层次的目标体系。其次,再将目标分类体系作为主要依据拟定相关评价标准,例如,将教学开始的评价叫作初始评价;教学期间的评价叫作形成性评价;最后的结束评价叫作终结性评价。做完评价后,要及时将结果反馈给教师与学生,让教师能够通过这一反馈充分了解教学目的,从而采取一系列针对性措施,使得教学目标能够清晰且分层次地实现,让学生的知识技能得到更大地提升。

2. 合作学习教学法

合作学习教学法,顾名思义,就是以学生合作为主的学习方式。合作不仅可以培养团队意识,还可以使学生相互帮助、共同进步。站在社会学的理论角度看,篮球教学组织就是一个社会活动的过程。这一教学方法的步骤是开始教学后,让学生自己组队分成小组,练习的时候要以小组为单位找到自己的小团队,并且选出一个队长,在队长的带领下队员得到共同进步。

想要取得更为理想的教学效果,在教学过程中还得多用点心思,使活动方式能够多种多样,这样做的目的是使学生在掌握篮球教学内容的同时还可以培养他们的团队合作意识,而且能够让学生享受这样的学习氛围,能够积极主动地完成学习任务。

3. 程序教学法

所谓程序教学法,又被称为学导式教学或者小步子教学,简单来讲,就是以认知规律和技能形成的规律作为主要依据,将篮球战术、技术的教学内容解析成多个互相有联系的目标。将小步子比作不同程度的小目标,便于学习的逻辑顺序,而且需要成立相关的评价信息反馈平台。程序教学可以分为三个步骤:第一,在教学开始时,学生以小步子的方式进行学习,而且在结束后对学习的实际情况进行评价。第二,根据评价的结果及时反映学习的效果。第三，如果没有达到基本教学目标，就需要重新开始学习，以达到为准，并且根据学生的具体情况进行分析，匹配出合适的措施。

4. 指导发现教学法

指导发现法包括两个方面：一是教师指导。为了学生可以更快更便捷地解决问题，教师可以以指导员的方式对篮球教材的某些内容进行改编。二是让学生自己发现问题。学生可以通过提前预习的方法将教材中一些不能理解的篮球知识和问题圈选出来，将这些疑问带到课堂上向教师寻求帮助，教师则需要给学生提供针对性的指导以解决难题，并且将这些问题的答案进行分析与总结。这种方法如果与篮球战术、理解攻防关系和掌握技术的要求相匹配，并将其运用好，效果往往都是非常理想的。

5. 案例教学法

案例教学法适用于篮球战术配合、竞赛组织、篮球规则与裁判方法等教学内容，属于篮球教学中使用频率较为广泛的一种方法。它的主要操作过程包括：在教学大纲的基础上，有目的性地选取各种篮球竞赛中较为经典的案例作为教学材料，对这些案列进行深刻解析，这样的对比可以带动课堂气氛，使学生更加踊跃地参与进来。真实的案例还能够让学生产生共鸣，建立相关的概念，分析过后，学生自己实践练习，从而达到运用自如的目的。

需要注意的一点是，选择的案例不仅要符合实际情况，具有典型意义，而且要求学生有一定的篮球运动基础。所以说，案例教学法比较适用于篮球专修课教学。

第三节 高职院校篮球教学的类型组织与实施

一、篮球教学课的类型

类型就是具有共同性质、特点的事物所形成的类别。课的类型简单来说就是课的种类。篮球教学课类型不同,其教学成效也不同,篮球教学课的类型对课的功能起着直接决定性作用。想要掌握各类型课程的性能,就需要对课的分类有一个明确地认知,并且从中选出最合适的课的类型,同时要确保每堂课都是以贯彻教学目标为准,因为只有这样才能使不同的课发挥自己的功能,不仅能够更好地确保完整的教学过程,还能提升高职院校篮球教学的质量与效率。

篮球教学课程是根据课的具体性质划分的,主要有"教学课"和"训练课"两个类型。

(一) 教学课的类型

我国高职院校篮球教学课程主要分为理论课、实践课、考试和考查课、实习课四种类型。

1. 理论课

理论是基础,任何事物都要基于理论之上。篮球运动教学理论课的主要任务就是将篮球运动的基本理论传达给学生,采用的教学方式有讲解课、辩论课以及自学解答课等。一般情况下,在具体实践过程中根据实际情况进行有目的性的选择。

2. 实践课

实践是检验真理的唯一标准。篮球运动教学实践课的主要任务是把篮球运动的基本战术、技术和各项竞赛中的实践内容传达给学生,一般采用的教学方法是比赛教学、战术教学课等。除此之外,还可以结合自身情况选择其他类型的教学课。

3. 考试和考查课

篮球运动教学考试的主要目的是教师对学生所学的理论知识以及各项实践操作进行一个基本考核的检验,采取的主要方法有口试、笔试、比赛等。

4. 实习课

有了一定的学习过程与考核检验之后,学生迎来的是实习课。什么是篮球运动教学的实习课?这是一门针对学生所学的篮球运动比赛知识以及教学知识进行实习的教学课,它所使用的教学方法主要包括教学实习、竞赛实习等。除此之外,可以根据实际情况有针对性地选择其他教学方式,做到具体问题具体分析。

（二）训练课的类型

我国高职院校篮球运动的训练课的类型还是比较丰富的,主要有身体训练课,技术、战术训练课,比赛训练课,综合训练课,调整恢复训练课,测验课等。

1. 身体训练课

篮球运动作为一项全身心都需要投入运动的项目,身体素质训练是极其重要的。篮球身体训练课的主要任务就是将学生的身体素质训练成为篮球专项身体素质,这样不仅能够全面提高学生的运动素质以及身体机能水平,而且可以让学生更好更快地适应高难度的篮球训练以及比赛。

2. 技术、战术训练课

高职院校篮球运动技术和战术训练的主要任务是锻炼学生篮球运动的基本技术和战术,它的主要目的是让学生的运动战术及技术水平得到更快地提升,提高学生综合运用技战术的能力。

3. 比赛训练课

比赛训练课的主要任务是让学生参加篮球比赛的各项训练和篮球技术训练,它的主要目的是提高学生各类型比赛的适应能力以及运动技战术水平和灵敏操作的能力。

4. 综合训练课

所谓综合训练课,就是将各项训练结合到一起而形成多种形式的训练课。篮球综合训练课主要是将上面三种类型训练课的具体内容组合到一起的课程。教师可以将各项不同的篮球运动训练内容轮流安排,从而促进学生的全面发展。综合训练课的目的是使学生的身体素质以及技战术水平等方面都得到综合发展,并且迅速提高。

5. 调整恢复训练课

为了更好地消除过度运动给学生带来的疲惫感,进行相应的调整、恢复训练是很有必要的。调整恢复训练课属于一个过渡期，不仅能更快地消除学生身体的疲劳感，还可以快速调整和恢复学生的身体机能，从而促使学生更好地提升篮球运动的技能水平和保持良好的身体素质。

6. 测验课

篮球运动需要大量训练提升学生的技能水平，学生的身体素质指标和各项运动指标也要达到相应的水平，所以测验课是必不可少的环节。测验课的主要任务是检测学生各项指标是否达标，它是通过有目的性地检测各个相关指标，客观、无误地评估训练水平。这样的课程的意义在于能及时知晓学生各项指标达到的水平，有利于开展下一次篮球运动教学任务。

二、篮球课的组织

（一）篮球课组织的要求

1. 加强学生的理论知识学习

（1）加强学生的思想方面的教育

在确定篮球教学与训练内容和目的之前，教师要做的就是对学生进行思想方面的教育，调动学生参与篮球运动学习和技能培训的积极主动性，以此提升学生的集体荣誉感和个人责任感。

（2）重视学生良好品德的培养

在教学中，教师要对学生进行思想道德的培养，这是一名出色的学生所必须具备的素质。

2. 加强学生的实践练习

（1）合理选用训练方法

篮球运动教学与其他教学不同，所以需要采取相应有效的措施，才可以顺利实现教学任务。但是每个学校的设施存在一定的差异性，所以采用的手段也是不一样的。例如，某些学校的场地比较小，设备少，而且班级里的人数又多，在这种有明显差异的情况下，就要求在练习时根据具体情况具体分析，灵活运用各种练习方法，在保持一定运动量的前提下，提高学生的积极主动性。

(2) 加强对学生的合作意识和集体意识的培养

篮球运动是一项团队合作的项目，同时也是一项具有对抗性的运动项目，所以在练习和比赛中，难免会出现由碰撞、摩擦引起的冲突和违纪等现象。为了避免这些问题的出现，就要求教师在篮球运动教学中重视对学生的思想教育，对他们的思想作风方面进行严格要求，加强他们的团队意识和合作意识，保证篮球运动教学在和谐的氛围中开展。

（二）篮球课组织的手段

篮球课堂教学的组织与管理主要是通过以下几个基本手段实现的。

1. 课堂常规

课堂常规是课堂管理中的重要依据，在篮球课堂的管理过程中，要对课堂常规管理予以高度重视。课堂常规的相关规定不仅是针对学生，而且对教师本身也有一定的约束力，教师不仅要严格要求学生的考勤以及语言行为，而且自身也要严格遵守。

2. 课的结构

每节课教师都要有充分的准备，要将它划分为几个部分完成。在篮球教学中，在遵循课堂客观规律的前提下，教师要针对课的不同部分采取不同的管理方式和教学措施。万一有突发事件发生，教师还需要具备临场应变能力，及时采取相应的有效措施。

3. 发挥学生干部的作用

教师在对班级进行管理时，可以采取相应的辅助手段。例如，选出几个班干部对他们进行培养。班干部是教师管理班级的二把手，在班级里可以帮助他们树立威信，提高他们的管理能力和组织能力，让班干部真正发挥得力助手的作用。

篮球教学中，人比较多，如果教师一个人管理的话难度会比较大，所以这个时候就需要培养一批学生骨干，由他们带队进行分组练习。每个队里有一名队长，队长可以带领和组织以及帮助小组其他同学进行练习，这样对于教师来说会轻松很多，而且这样集中的方式有利于教师开展教学活动，顺利完成教学任务。同时，还可以在一定程度上培养学生骨干的组织能力、分析能力以及解决问题的能力，从而促进我国篮球事业优秀人才的发展。

三、篮球课的具体实施

要对篮球课的结构组成部分进行合理的安排，就需要将篮球课的具体实施过程进行汇总。课的结构实施是指篮球课堂的教学与训练的内部组织模式，细致一点来说，就是指课程的组成部分是如何进行的，时间是如何分配的。课程的结构有着重大的含义和价值，对教师的教学训练而言，不仅会让训练进行得更加顺利，而且能够更好地分配训练时间，使教学、训练活动能够合理地、有效地调节，同时教学内容能够在严谨的组织下显得更加紧凑，保证教学任务能够在规定时间有效完成。

（一）理论课的具体实施

高职院校篮球运动教学的理论知识主要是通过课堂教学获得的，等同于传统的授课形式，就是以教师讲解课本内容为主，对于某些问题会适当安排课堂讨论环节，这样不仅可以让学生学习理论知识，还可以激发学生的学习兴趣。

1. 篮球运动教学不同理论课的类型结构

下面对篮球运动教学的新授课和复习课这两种理论课的结构和组织进行简单阐述。

（1）新授篮球课

新授课的主要组成结构是复习前堂课程、引入新课程、讲解新课、布置作业四个部分。讲授是四个环节中的核心部分，教师通常会在这个环节上花费更多的力量和时间。一般来说，教师讲解新课程的时间也不会太长，因为这样会影响学生的练习时间，导致教学效果不理想，所以教师在单纯讲解时用到的时间大概占14%。

（2）篮球复习课

复习课是学习中的一个重要环节，它可以帮助学生进一步强化所学知识，并且进行巩固，从而加深印象，达到举一反三的效果。它主要由三个部分组成：一是组织教学，就是把这一次复习的目标和要求提出来；二是运用多种多样的方式复习；三是对学习过的知识进行总结，巩固加深。篮球教学理论课的主要任务就是让学生能够确切掌握篮球运动的基本理论知识，主要内容包括篮球运动的技战术理论、发展趋势，还有篮球运动的各种训练、裁判、教学等的方法。

2. 篮球理论课的实施目的

篮球教学理论课程对于学生来讲，就是通过这一系列的理论知识让学生达到理论指导实践的目的。我国高职院校篮球运动教学的理论化课程主要实行的是启发式教学，这是篮球理论课向现代化发展的重要趋势之一。启发式教学，简单来说，就是利用学校现有的现代化设备，比如投影仪、幻灯片、录像带等开展启发式的篮球运动理论教学。这可以使学生的主动性和积极性得到最大限度地发挥，从而培养学生分析问题的能力。所以说，启发式教学的效果是很显著的，也是值得倡导的，对我国高职院校篮球运动教学的发展是极具意义的。

3. 篮球理论课的实施要求和建议

根据教学大纲的要求，篮球运动理论课教学需要用课堂教学的方式加以完成。课堂讲授是完成篮球运动教学理论的主要形式，但是一般也会把课堂讨论结合在一起，让课堂变得更加有趣，详细步骤包括以下几个方面。

（1）在课程开始之前，教师可采用讲述的方法和提问的方式引导学生，也为本堂课的篮球教学理论课做好铺垫。

（2）对于本次课堂的重点和难点内容需要着重讲解，加深学生印象。

（3）为了加深学生对知识的熟悉度，不仅要对新、旧内容进行反复提问，还要以作业的形式促使学生更快地理解本次课堂内容。

（4）本堂理论课结束部分，要总结一下本节课的知识点，布置相应的作业，并且把下次课堂内容告诉学生，让他们提前预习。

（5）教师要在篮球运动理论课前准备好相应的资料以及设备，例如，所要用到的讲稿、模型、挂图等辅助性器材。

（二）训练课的具体实施

组织篮球运动教学课时，教师是一个很重要的角色。为了更科学地进行篮球运动教学，在组织训练中，教师要做到三点：一是言传身教，严于律己；二是在日常生活中关心学生的生活以及技术水平，并做到与学生和睦相处，进行良好的互动，让学生信任自己；三是教师除了做一名传授者，还需要做一名虚心的受教育者，关于学生的一些意见反馈要虚心接受，并且能够将其与自己的想法结合起来，取长补短，然后将最好的方案告诉学生，让学生养成自觉训练的好习惯。如此不仅能够更好更快地促使教师的篮球教学能力得到提升，而且对充分发挥学生的智力具有重大意义。

学校必须高度重视篮球运动训练课的组织，因为训练课是比较集中的训练方式，学生可以通过训练课更好地完成每天的训练目标，自觉提高训练水平。训练课需要贯彻科学系统的训练原则，必须以教学大纲为主，对训练内容、要求以及进度等进行妥善安排，以学生的运动特点及心理特点为依据，从而有目的性、有针对性的完成训练课。

1. 篮球训练课的结构安排

篮球训练课结构安排的对象主要包括准备部分、基本部分和结束部分。

（1）准备部分

主要目的：避免在训练中出现超负荷和运动损伤的情况。

主要任务：确保教学质量，组织训练课的同时需要集中学生的注意力；增强学生的学习氛围，需要刺激学生的神经系统及各肌肉群的活动，从而提高学生的兴奋性。

主要内容：由队长进行整队，清算好人数，向教师报备，教师做考勤统计之后安排课程训练任务。准备部分安排的训练内容主要是根据基本的教学和训练内容决定的，根据基本内容及训练内容进行诸如跑步、跳高、拍球、投篮等针对性练习。除此之外，还要安排根据实际情况进行的专门性的准备活动。

组织方法：以集体形式为主，但不是唯一的方法，具体情况具体分析，可根据实际情况而定。

时间安排：准备部分主要是让学生尽快进入状态，一堂训练课中，训练前的准备活动是少不了的，一般为 15 分钟左右。

(2) 基本部分

主要目的：提高学生的比赛能力和适应能力，同时也要以教学为目的。

主要任务：根据篮球运动教学大纲的要求进行具体安排。为了使学生的运动能力得到相对提升，需要不断创造有利的训练条件，使学生在训练中掌握和提高篮球技战术水平。与此同时，为了使学生的运动素质得到全面发展，应有一个循序渐进的过程，合理安排训练内容。另外，还需要培养学生的拼搏精神以及良好的作风，以加强学生的思想道德教育为主要手段。

主要内容：为了全面提高学生的实践能力，可以根据篮球训练课的具体实施计划，采取多种练习手段以及比赛方法促进学生的各项素质及能力的全面发展，例如，小组赛、个人赛、技战术比赛以及对外赛等。同时，还要根据不同阶段的具体训练任务，循序渐进地增加运动量，从而更快地提升学生的各项素质和能力。

组织方法：将教材内容合理安排好，并开展相对应的教学活动。一般是先传授新的内容，再复习已学内容，将二者结合进行巩固和强化，最后可以安排一些提高学生身体素质的专门练习。当然，开展活动之前，要根据学生身体素质的具体情况和课时内容进行相对应的、合理的、有针对性地安排。还有非常重要的一点，不管是传授篮球运动技术还是战术，要始终坚持贯彻循序渐进的原则，这样才能让学生更好地吸收教学内容。

时间安排：如果按照高职院校目前的篮球运动课时间，就是两节课一起上，而训练课占时为 70%，时间大约为 70 分钟。

(3) 结束部分

主要目的：为了快速消除学生体内存积的乳酸，需要适当安排一些活动，让学生在运动时缺失的氧气得到一定补充，促使学生的运动肌肉能够迅速恢复到运动开始前的形态，同时让学生的生理及心理逐渐恢复平静。

主要内容：为了使学生的身体状况恢复到运动前的状态，需要安排相应的整理活动。主要内容包括游戏、放松练习以及转移注意力的练习，或者采用运动量小的投篮、罚球等练习。训练课结束之前，教师还需要组织学生进行讲评，主要形式是教师自己针对本次课堂内容做出总结，或者是教师与学生一起对这次教学课程进行总结。为了不给学生参与训练课带来消极影响，小结内容要简洁明确并有针对性，以表扬为主，批评为辅，主要是积极正面的教育。

时间安排：篮球教学训练课的结束部分一般占时为15分钟左右，在具体实施过程中要做好两点：第一，针对训练负荷做出合理安排。大运动负荷训练对提高学生身体素质和战术水平有着重要的意义，训练能否成功主要看内容安排是否科学、运动规律是否合理，运动负荷的控制也不例外。第二，要保证充足的训练时间。篮球运动课程一般是1.5个小时左右，在这个有限的时间里既要安排文化课学习，又要安排训练课学习，所以想使训练达到最佳效果并促使训练任务顺利完成，合理安排好时间是非常有必要的。

2.篮球训练课的内容安排

篮球训练课的内容安排主要有学生组织、练习组织以及课程的安排、运动负荷的安排。下面针对这四个内容的安排进行详细分析。

（1）学生组织的安排

一般而言，可以将学生的组织分为集体训练和个人训练两种形式，而且这两种训练形式在实践中都是综合运用的。

（2）练习的组织

练习的组织是指在训练过程中训练步骤的安排，其主要内容是训练程序和训练课布置的作业。训练步骤包括：第一步是对基本技术的锻炼；第二步是练习战术间的配合；第三步是当前两个步骤完成得差不多的时候，把整队作为一个学习的整体进行集体练习；第四步是根据教学开展比赛的训练。

（3）课程的安排

篮球课和普通的课程差别不大，一节课是45分钟，两节连在一起是 90 分钟。为了能够顺利完成教学任务，并达到预期效果，就需要合理地将有限的时间利用起来。一般的时间安排是学习新内容占 60% 的时间，剩余的时间用来巩固复习，加深印象。

(4) 运动负荷的安排

运动负荷的合理安排在篮球运动训练课中是十分重要的环节，且合理安排运动负荷和怎样组织大运动负荷训练在篮球运动训练课中是重要的环节。一堂篮球训练课是否成功主要看它的训练内容安排得是否合理，而对于运动负荷能否合理控制是极其重要的，只有将这个问题处理得当，才能够最大限度地提高学生的身体素质及战术水平，同时还需要与具体实践相符合。

学生的身体素质决定了其运动负荷量，在运动负荷提升的过程中，需要始终贯彻循序渐进的原则，由易到难，由小到大。除此之外，训练课的负荷强度及频率要根据不同时期和不同训练阶段进行安排。一般情况下，第一个高峰是在进入基本部分之前，而第二个高峰则是基本部分之后那段时间。与此同时，需要注意的是要保持训练的统一性和系统性。

(三) 篮球观摩讨论课的具体实施

篮球观摩讨论课是在进行篮球运动规则、裁判法以及篮球运动技术和战术分析等教学的时候才会使用。它的形式较为灵活，加强学生的观察与分析能力是最主要的目的，同时能够极大地提高学生的表达能力，促使学生的思维模式得到大幅提升。

观摩的对象不受限制，可以是篮球比赛，也可以是关于篮球运动战术的录像带或者电影等。在组织观摩课之前，教师要告诉学生观摩什么样的内容以及所需解决的问题是什么，同时还要告诉他们在这个过程当中需要遵守什么样的纪律。在观摩时，学生要根据教师的要求做好相应的笔记，并在观摩之后提出相应的疑问，为接下来的探讨做好相关准备。观摩过程中，教师要围绕本次主题引导学生发言，对于不同的意见要给予相应的鼓励，以此开展更激烈的讨论。待到观摩讨论课结束后，教师要对此次观摩课做出总结，并对讨论的问题和学生讨论的情况进行评估,如果问题没有解决,可等到下次上课再继续讨论。

(四)篮球实习课的具体实施

开展篮球实习课的目的是提升学生的篮球技术,提高各项训练的能力与竞赛能力以及使裁判水平得到更好地提高。

为了更好地开展篮球实习课,教师要对实习人数进行确定,对学生做好相关指导。教师在开展实习课的过程中需要做到四点:一是做好相关的笔记;二是观察学生的具体情况;三是用鼓励的方式激发学生参与实习课探讨及讲评的积极性;四是实习课完成之后,教师应针对不同学生的实际情况进行相对应的评价,学生自己也要将此次实习课中的总结和感悟写出来,为提高自身学习能力奠定基础。

第四节　高职院校篮球教学的质量测评

一、篮球教学测量评价的目的

对篮球教学质量进行检测与评估是很重要的,它是具有一定目的性的,其目的大体分为两个方面。

(一)监控教学质量

对篮球教学进行检测以及评估的时候一定要使用科学且合理的方式,将各个环节的测量与评估结果拿出来对比,同时可以将存在的问题及时反映出来,然后把评估出来的结果反馈到教练、教师及教学管理部门,让他们以评估结果为凭证,对教学中存在的问题做出调整与改良,促使教学任务能够更顺利地完成。综上所述,检测篮球教学质量时,只有科学的途径才能对该教学质量进行合理控制。教学过程是由阶段性教学工作与阶段性学习效果评价这两个部分组成的,主要的评价内容包括教师备课质量、文件是否备齐、教学的组织和运用、学生参加篮球课练习的积极性以及对技战术的实际掌握状况等。想得到准确的评价,就需要利用一些简便且可观测的指标对这些内容进行检测,再将有效的信息提取出来,对其进行正确的分析,与以往的指标做对比。

(二) 评价教学效果

当篮球教学质量过关后，就可以进行教学效果评价了。教学效果评价以任务的完成情况为主要依据，简单来说，就是以教学大纲为主要依据，具体步骤包括：第一步，利用较为严谨的考核对学生的学习效果进行检测；第二步，在他们考核出来的成绩中将有效的信息提取出来，再对信息进行有效的分析；第三步，让教师与学生在第一时间知晓教学的实际效果，如果发现有任何问题再进行针对性的调整，争取将问题最小化，从而达到最终的教学质量优化的效果。

二、篮球教学评价的内容

一般将教学过程中可观测的指标作为篮球教学评价的主要内容。它的主要步骤包括：第一步，有一个准确的定义，将分级的指标确定出来；第二步，给指标进行分类，对比较重要的进行加权，同时还要给予其相关权重，做成一个评价量表和教学过程评价指标体系；第三步，使用模糊评判的方法进行评价且给予其相关辅助。总体来说，以下几个方面就是篮球评价的主要内容。

(一) 对教学目标进行评定

目标制定的合理性评定和教学目标达成情况的评定这两个方面就是教学目标评定的主要内容。所谓目标制定的合理性评定，其实就是指客观、理性地对教学大纲与教学计划当中的教学目标进行分析与评价，从而判断课时计划的目标符不符合大纲的原则，大纲的教学目标符不符合所规定的教学目标。教学目标达成情况的评定是指教学的阶段目标在教学过程中的完成情况，分析与检测教学后所规定的教学任务的完成情况，利用评价的渠道对教学进程进行把握，最后针对教学的实际效果给予客观且理想的评价。

(二) 对理论知识掌握情况进行评定

理论是实践的基础，而对篮球理论知识的评定就是指利用考核的模式了解学生对于篮球理论知识的掌握情况。笔试和口试是测量的主要方式，而撰写论文则是另一种普遍的考核形式。

1. 笔试

笔试是考核中常用的一种手段，它又分为闭卷与开卷两种模式。闭卷是在没有参考资料的情况下，完全靠记忆力和掌握程度考试的一种方法，这种方法运用学生对于篮球理论知识的具体掌握程度进行考核。开卷，顾名思义就是一种可以参考资料的考试，主要是考核学生能否正确利用课本知识有效解决某些问题，以分析与解决问题能力为主要考核内容。对于低年级的学生来说，闭卷是一种较好的考核方式；而对于高年级的学生来说，他们的思想相对而言更为成熟，书本上的知识基本都熟悉，此时最重要的是考核他们头脑的灵活度。

2. 口试

口试与笔试不同，它的适应领域较为宽广、普遍。例如，学生常会遇到的一种口试考核就是上课提问，教师对某一知识点进行提问，由学生解答。这种上课提问的方式对于低年级的学生来说较为适用，高年级的学生就不常使用这种方法了，因为他们喜欢更有趣的方式，因此可以为他们举行一场关于篮球知识的答辩赛，既可以调动他们的积极性，又可以在这一过程中了解他们对于知识的掌握程度。口试是一种较好的考核方式，它的运用比较灵活，若想了解学生对篮球知识的掌握程度与语言表达能力，可以通过口试的方式获得。

3. 撰写论文

撰写论文的最大特点就是可以将理论知识与实践运用进行综合考核，想要得知学生的综合能力便可以使用这种方式进行考核。知识与实践结合到一起是一种必然的结果，这也是撰写论文的一大特点，它需要集理论知识的掌握程度与实践运用的能力于一身。想要对学生的综合能力进行考核的教师均可以使用这种方式。

（三）评估技术与战术的掌握情况

学生在学习的过程中，教师无法得知学生学习的具体情况到底如何，那么就需要对他们进行各种检测。篮球教学亦是如此，为了得知学生具体的学习效果，一定会进行篮球技战术方面的检测，这也是教学当中一个重要的环节。教师可以在教学中或者教学结束后采取临场实践考试的方式测量学生对技术、战术的运用情况以及理论知识的掌握情况。其中,技术测量的主要内容包括两个方面:一是学生的技术指标是否达标,例如,可以通过定点投篮的方式评测命中率等;二是学生在指标达标的情况下完成指标的能力,又叫技术评定,可以评价篮球运动技术动作是否规范、防守动作是否过硬以及对抗能力是否够强等。

(四) 对其他内容进行评定

关于篮球教学的检测与评价的内容其实还有很多,不同层面上的教学有其专属测量与评价。如对教学起始状态的测量目的是检测学生课前的基础状态;对裁判能力的评价目的是监测学生通过学习所具备的裁判能力,授予其相应的等级裁判员称号;还有通过对学生各项比赛中展现的能力进行评价,对学生得到的名次给予相应的等级学生称号等。需要注意的是,不管是对什么内容进行检测,都应该遵循相对应的方式,使其真实性得到有力保障。

三、篮球教学测量与评价的原则和方法

(一) 篮球教学测量与评价的原则

科学性就是指不违背常理,而可行性就是指某件事的执行具有意义,这二者都属于篮球教学测量和评价中需要遵守的原则。具体而言,科学性是指测量的有效性、客观性以及可靠性,可行性是指所使用的评价与测量方法和实际教学的执行是否相符,要确保评价与测量的目标能够实现,而且还可以在教学实践中运用起来。要把科学性和可行性结合在一起,就需要对测量和评价的基础知识有足够地了解,进行不断实践,在反复实践中构建一个科学合理的篮球教学评价体系。

那么在实施的过程当中,应当如何确保评价的科学性与准确性呢?将评价的信息测量出来是必不可少的一个因素。指标是信息的载体,在设定测量指标和方法时,需要遵循可靠性原则、有效性原则以及客观性原则。

1. 测量的可靠性原则

可靠，顾名思义就是靠得住。怎样让学生的成绩测量出来靠得住呢？常见的一种方式就是对学生的成绩反复使用同一种考核方法，倘若在反复考核下该结果保持不变，那么才能称之为可靠。如果用同一种方法对同一批学生的成绩进行检测，结果仍然是一致的，则说明可靠性高；反之，就是可靠性低。

2. 测量的有效性原则

测量当中的有效性就是指测量的手段与预计测量的内容具有一致性，一致性的程度高则为有效。通过有效测量，事物的本质也会随之反映出来。同时，测量篮球技能的手段有很多种，前提还是应先考虑其可行性，所选择的方法应能够明确地将教学大纲规定的技能考试内容反映出来，还得经过有效地验证。

3. 测量的客观性原则

在篮球考试当中，教师对学生完成篮球技能的评价是测量客观性的标准。倘若教师们的评分相差无几，都比较高，则表示所有教师的看法都是相似的，其客观性也比较强；倘若大家所给出的评价相差甚大，那么说明教师之间产生了较大的分歧，而客观性也随之减弱。

（二）篮球教学测量与评价的方法

1. 定性指标的设计与实施

定性指标是指必须进行测量的一些指标，并且这些指标不能使用具体的度量单位进行衡量。在篮球的实践教学当中，各种类型的篮球课程的考核与所使用的技术评估都能归属于定性指标当中。定性指标按照篮球技能教学的特征可划分为两种：一种是技术动作完成程度是否规范的指标；另一种是技术动作完成是否达到熟练程度的指标。二者具有一定的差异性：第一种分数赋值以技术规格的确定为主，教师在测量过程中以学生完成技术动作的标准程度判断；第二种分数赋值以主试专家的经验为主，需要将定性指标的分数赋值细化，使其表示技术若干环节的完成情况。

2. 定量指标的设计与实施

定量指标是指可以用具体衡量单位衡量的指标，例如，跑动速度、跳起高度和篮球的命中数量等。篮球教学中经常使用的就是速度指标、高度指标以及准确性指标这三大定量指标，而这三类指标的用法又是根据测量与评价的目的确定的。例如，如果要测量技术熟悉性可以采取速度指标进行测量，测量学生的弹跳能力就使用高度指标，测量投篮传球技巧就采用准确性指标。要在根据一定的样本制定测量的方式和评估的标准的前提下才可以采用定量指标进行测量与评价，这样做的目的是使受试对象与使用的方法的总体水平相适应。评分表的制定可采用统计学的方法，使分数赋值具有较好的区分度，客观反映受试者的实际水平。

第三章 高职院校篮球训练理论

第一节 高职院校篮球训练概述

一、高职院校篮球运动训练的理论

(一) 周期训练理论

体育运动训练过程中,安排的训练内容与制订的训练计划是以周期训练理论为基础的。它形成的主要依据是训练中形成的规律性、竞技状态的发展规律以及疲劳和恢复的规律,通过从事体育训练工作的教师对体育运动训练的深入了解所提出来的。

周期性训练运动是以一种周而复始的训练方式对篮球运动进行训练的,它有一个前提,就是要求训练动作不仅是在一定基础上进行,而且是一次又一次地在训练中提高训练强度,同时让学生的技能水平得到大幅提高。周期性训练是具有连贯性的训练模式,它以周期为基本,完整的训练包括了训练课、小周期、大周期,在这种训练模式下,可以将训练任务、方法、手段都连贯在一起进行系统化的训练。

1. 训练适应原理

训练适应是指由运动而产生的有机体与施加负荷的外部环境不断取得平衡的过程,其基本特征主要包括以下几点。

(1) 普遍性

普遍性是指机体能发生训练适应现象的过程,如学生的运动素质、战术、技术等。

（2）特殊性

特殊性一般表现在不一样性质的运动负荷能够导致特殊的适应性变化，简单来说，就是指机体对训练适应的特殊性。

（3）连续性

连续性是指机体训练适应的产生和发展是一个连续的过程，鉴于机体在运动素质、技战术、心理因素等方面的适应拥有异时性的特征，从而促使机体全面适应以逐渐累积的方式而形成。

（4）异时性

异时性是指机体由于运动训练而产生适应性变化需要一定的时间，而机体各个方面的训练适应现象出现的时间也有所不同。机体在机能上的适应性变化往往先于结构的适应变化。

2.竞技状态的形成原理

状态是人在某一特定时间内的精神状况，有时候会是兴奋的，有时候会是沮丧的。竞技状态就是学生在比赛中能够获取优异成绩的最佳状态，它是真实存在的，它的存在对学生的竞技表现有着深刻的影响，如两个实力相当的选手比赛，获胜的肯定是那个竞技状态良好的选手。

竞技状态的发展过程并不是一成不变的，它属于一个连续发展的过程，主要包括以下几个阶段。

第一个阶段是它的初步形成阶段，又可以它分为两个小阶段，即形成竞技状态前提条件阶段以及初步形成竞技状态阶段。前者是指想要形成竞技状态就需要有其形成的条件，包括学生运动素质能够全面发展、专项运动的形成以及技术和战术的形成，还有学生心理素质的初步形成等有利条件；后者就是将各项技能和各项素质全面结合起来，使它形成一个完整的体系，从而使学生形成基本的竞技状态。

第二个阶段就是发展与保持竞技状态阶段。这一阶段是非常重要的时期，它需要让学生的竞技状态在比赛前能够通过赛前热身的手段达到最佳。

第三个阶段是竞技状态暂时消失阶段。每一次赛后，学生都需要进行一段时间的调整，并恢复状态，为下一次竞技状态做好准备。

(二) 训练调控理论

1. 超量恢复原理

超量，顾名思义就是超过本来的预算所得到的东西。而超量恢复理论，就是在训练运动后的恢复期中，被消耗的能源物质含量的原有水平不仅都可以恢复，甚至超过了原有的水平。

超量恢复原理在调控中的作用主要表现在两个方面：一方面，超量恢复是为了保护和预防以后反复进行较大的运动负荷中所消耗的能量，同时也是机体适应负荷训练的第一个阶段。超量恢复这一理论已经普及到多个运动训练的手段中。例如，间歇性训练，它就是在训练后进行一段时间的休息调整，使各项机能恢复到一定程度，它的时间掌控是根据恢复原理和规律选择间歇时间。这种方法在一定程度上保证了训练的效果，同时也提供了物质方面的保证。另一方面，超量恢复不仅可以对学生在运动训练中消耗的能量进行保护，还可以使肌糖原进行超量恢复，为肌糖原的补充提供了理论依据。比赛前，学生先进行一次为期一周的衰竭性训练，主要目的是对糖原的负荷训练，然后进行三天对高蛋白、高脂肪的负荷训练，使肌糖原下降，同时加大肌糖原的活动，最后三天进行高糖膳食。同时，学生要完成相应的运动量和相应强度，而且要注意防止消耗多余的肌糖原，让肌糖原有明显的超量恢复，这样可以最大限度地提升学生的竞技能力。

2. 应激性原理

所谓应激性，是指外部强负荷刺激给人体带来的生理及心理上的一种综合反应，当机体受到这样强烈的刺激时，身体及心理会产生不自觉的紧张感，这样的一种状态可称之为应激反应。

将应激学说运用到运动训练中，不仅可以避免学生过度训练发生机体衰竭的情况，而且可以对恢复过程进行调整，加强合成代谢，所以，在运动训练的过程中，除了要激活应激过程中肾上腺皮质系统的活动，还要充分提高垂体性腺系统在合成代谢中的机能。运动应激提高人体机能的适应过程的方法有很多，如机体能源储备能力、机体调节、机体防御能力、激素调节等，其中激素调节是它的核心，它的操作方式就是使激素调节带动酶活性的改变和机能储备的提高以及机体免疫能力的提高等适应过程。

3. 恢复性原理

有训练就会有恢复，恢复的意义就是为了更好地进行下一次的训练。每一个恢复的阶段差不多都是一样的，不同的是它的时间点具有异时性，这对于运动训练的安排与调整有着十分重要的作用。恢复的异时性主要表现在以下几个方面。

第一，能源物质不同，恢复的速度也不同。篮球运动活动是以磷酸原系统和乳酸系统为主。

第二，运动负荷程度不一样，恢复的速度也不一样。如负荷越小，恢复越快，负荷强度比负荷量恢复得快。

第三，器官不同，恢复的速度也不同。恢复速度的顺序为大脑、神经中枢、心血管系统，最后是肌肉和心理的恢复。

第四，学生的水平不一样，恢复的速度肯定也是不一样的。学生训练水平越高，所需的恢复时间越短，反之则越慢。

在高职院校篮球运动训练的过程中，机体的机体恢复和超量恢复不一定是同时发生的，所以它的恢复过程具有时值不相等的现象。依照恢复过程的规律来看，会出现两种不同的恢复类型。第一种是完全恢复，就是运动负荷后，人体机能不仅得到原有恢复，甚至超过了原有的水平直至下一次训练，它的下一项训练过程包括协调和注意力集中训练、反应和速度训练、技术训练、比赛训练等。第二种是不完全恢复，就是人体机能基本已经恢复，但是还没有达到可以直接进行下一次训练的程度，它的下一项训练过程包括速度耐力训练、专项耐力训练、意志力训练等。

4. 运动负荷训练原理

所谓运动负荷，就是指学生在训练中能够经受住运动刺激并且使机体产生生理效应和心理效应的一系列变化的过程。

运动负荷是体育运动的基本特征之一，也是运动训练负荷的一种表现。每一项体育运动都会有运动负荷训练，运动负荷训练就是挖掘学生生理及心理的"极限运动"，可以将学生的内在潜力挖掘出来。

运动负荷具有以下共同的特征。

(1) 个体性

每一个学生的身体素质、生理机能和技战术的要求等都是不一样的，所以在安排运动负荷训练时要考虑他们的个体性。

(2) 目的性与选择性

每一项运动负荷都有独特的目的和功能，所以应根据训练任务进行选择。

(3) 定量性和等级性

运动负荷的表现方式有两种：一种是以大中小定性的方式表现；另一种是以具体的定量方式表现。为了在训练中让负荷调控更加准确和科学，一般会采用定量的方式进行。

(4) 调控的综合性

相同的总负荷可以是不同的量与强度综合起来的。

(5) 负荷的动态性

训练的过程具有持续性，所以运动负荷也是一个持续的过程。它的动态性主要表现在负荷的连续性、节奏性、周期性等。如学生在一个训练周期内每天的训练都比较系统化，学生的身体状态也就能够相对良好，在此刻进行适度的加量训练也是可以的，但是学生经过一段时间的休息再来训练，就要适度降低运动负荷，让其身体可以逐渐适应起来。

二、高职院校篮球运动训练的内容与任务

(一) 高职院校篮球运动训练的内容

不管是什么运动都会安排一些有针对性的训练内容,篮球运动也不例外,它的训练内容是根据球队的发展方向、任务以及学生自身条件等各种因素制定的,内容也是多种多样的,如身体训练、技战术训练、比赛训练、心理训练等。下面就这几个内容进行简单分析。

1. 身体训练

身体训练就是通过各种身体练习刺激人体各组织、器官以及机能代谢等方面的发展,有利于提高学生的身体素质和竞技能力的一种训练。

(1) 身体训练的内容

篮球运动中的身体训练包括一般身体训练和专项身体训练。

①一般身体训练。所谓一般身体训练,就是采取一般的训练手段对学生进行训练,目的就是提高学生的身体素质,全面发展学生各项运动素质以及提高他们各器官系统的机能水平,从而为学生的专项训练打下深厚的基础。

②专项身体训练。专项身体训练就是指在篮球训练过程中使用专门的训练手段,如与篮球运动特征相关联的训练方式,包括速度、力量、耐力、柔韧、敏捷、弹跳素质的专项训练。

篮球运动中对速度要求比较严格,在需要控制好重心的同时,在距离较短的范围内发挥最快的速度。所以,为了提高学生的速度,训练中应该以增加跑的强度为主,速度训练方式要以提高各种情况下的启动速度、快跑的速度为主。

训练方法:重复训练法、时间感觉训练法、比赛法、游戏法等。

篮球比赛是一项对抗性较强的运动,拥有强大的力量在篮球运动中占了很大优势,所以在高职院校篮球训练过程中,对于力量的训练是很有必要的,它要求学生能够时刻爆发惊人的力量。

训练方法:静力性训练法、动力性训练法、超等长训练法、等动性

训练法、退让性训练法、组合训练法。

力量训练的方法在发展的同时，可以依据自己力量素质成分的需要将几种方法有机地结合到一起，然后进行相应的负荷安排。

训练方法：最大力量训练法、快速力量训练法、反应法、力量耐力法、电刺激法等。

由于篮球运动的时间比较长，而且比赛的场数又多，所以对学生耐力的要求很高，因为在比赛中经常会用到短距离跑步、重复动作使用等，这不仅要求学生在长时间内需要高度地集中注意力，还需达到较高的耐力水平，专项的速度耐力更为显著。

训练方法：有氧耐力训练法、无氧耐力训练法、肌肉耐力训练法等。

在篮球比赛中，经常会有跑步、跨步、跳高等需要用到关节运动的各种动作，柔韧素质是学生进行篮球运动必须具备的要素，特别是对肩关节、膝关节以及踝关节部分敏捷度的要求极高。

训练方法：主动性训练法和被动性训练法。

所谓灵敏，就是要求学生在运动中具备快速反应、超强的应变能力以及灵活敏捷的自我控制能力。所以想要提高学生大脑皮层的灵活性以及神经过程中的转换能力，就要对学生进行灵敏度的训练，这样对于学生的灵敏训练会更有效果，能够更好地训练学生的应变能力。

训练方法：与其他素质的训练结合进行。

弹跳能力也属于学生进行篮球运动的重要身体素质之一，它的强弱在一定程度上决定了争夺优势空间的能力，还有利于学生能够更好地掌握高难度的技术动作。篮球比赛中需要用到弹跳技术的动作有很多，如抢球、跳投、扣篮等，这些动作都需要学生具备强大的弹跳能力。

训练方法：以下肢、伸膝肌、伸踝肌的发展为主要发展要素，同时需要留意股后肌群的力量和伸张性的方式；以提高伸膝肌、伸踝肌的向心收缩力量和速度为基础，从而巩固其离心收缩力量的方法；练习力量的时候使用大重量、少次数的方法；利用练习速度的方法将肌肉机能进行改良，同时提高股后肌群的力量和伸展性，提高起跳技术的训练方法。

(2) 身体训练的基本要求

第一，在多年训练中，要对学生的身体训练进行合理、科学以及有计划的安排，不可以随意进行训练。

第二，学生身体训练要依据篮球运动专项特点、训练对象、时间、条件以及比赛的要求进行合理的安排。

第三，学生身体训练的内容要与篮球技战术、恢复、心理训练有机结合起来。

2. 技术训练

篮球运动的技术能力是战术的基础，只有将技术掌握得扎实、全面、炉火纯青，才能够完成高质量的战术。任何篮球比赛的战术意图和先进的战术想要实现完美的配合，都离不开学生对技术动作的掌握。

(1) 技术训练的内容

篮球技术训练包括进攻和防守两大内容，它们不仅有基本技术，还有综合技术以及位置技术。技术训练的方法有很多种，如示范法、心理训练、解析训练、变化法、间歇法、比赛法以及循环法等，具体操作时应该根据实际情况进行综合练习。

(2) 技术训练的基本要求

①技术练习要遵照从简到繁、从易到难的循序渐进的原则进行。学生先进行个人技术动作训练，再以组合的形式进行练习，最后根据各自的特征进行位置分工，从而实现个人技术特长的全面发展模式。

②要始终贯彻基本技术的训练。想要成功都是从基础做起，不能操之过急，所以在训练过程中，学生要坚持长时间的基本训练，因为基本技术是实现掌握大难度技术的基础，想要提高学生的技术水平，就必须将基本技术与大难度技术综合到一起。

③技术训练不仅要求学生对自身技术有一个全面地掌握，还需要多方面培养学生的技术特长，所以在技术训练中需要全方面安排，并且突出其重点，以发展个人技术为主。

④随着社会的不断进步，篮球运动的发展越来越好，在这个过程

中，新的技术在慢慢代替旧的技术，为了让学生的竞技能力能够得到更全面地发展，技术训练就必须与当代的技术手段相结合，从而提高学生的训练水平。

⑤篮球比赛的规则会随时代的变化而变化，所以技能训练要跟上篮球比赛规则的步伐，以当下的比赛规则为准进行相应的训练。

⑥技术训练是战术训练的基础，同时也要以战术训练为背景，篮球比赛中会有很多的战术运用，所以在提高学生技术动作质量的同时还要结合实战中会运用到的战术进行针对性的改良，尽量做到在提高学生技术动作的同时也能培养他们的战术意识。

3. 战术训练

战术训练就是以本队的实际情况和训练的目标为依据，在选择战术的基础上，再根据战术的基本结构和组织形式以及队内的配合模式进行合理的练习，以达到各项战术的运用和提高的一个训练过程。

（1）战术训练的目的

战术训练的目的是促使学生能够将自己掌握的各项基本战术配合以及整体战术配合在实战中运用的得心应手。

（2）战术训练的内容

篮球战术训练的主要内容包括进攻和防守两类，不同的战术又包括不同的基础战术配合与全队战术配合，且都能在全场或半场中进行，而且战术不同，所用的战术阵型与方法也不同。

（3）战术训练的基本要求

①树立正确的战术指导思想，以战术指导思想为制定战术的准则。战术训练时要处理好比赛中的各种关系，战术方案要把战术的运用与本队的实际情况相结合。此外，还要建立本队的战术体系，形成本队的战术风格。

②战术训练要合理安排训练内容，遵从循序渐进、从简单到复杂的原则，如先练习进攻再练习防守，先局部配合再全队战术配合。进行整体训练时，先进行完整的演示法，再使用分解法，随后再用完整法，这

样的训练方法更有利于全队掌握战术。

③要注重培养学生的战术意识。在正式比赛的过程中，肯定会出现突发情况，所以学生要具备以不变应万变的能力，快速、精确地进行观察，并且能够及时反应过来配合其他队员的行动。

④为了提高战术训练的高训练水平，在战术训练的过程中要将身体训练、技术训练、心理训练、恢复训练等综合起来。

⑤为了能够使学生适应比赛中的各项战术要求，在训练中要把基础战术训练与整体战术训练相互结合。

4. 比赛训练

比赛训练通常是在比赛前进行，它是具有组织竞争性、目的性并且要求以最大强度进行训练的训练方式。

（1）比赛训练的目的

比赛训练最主要的目的是在比赛中最大限度地发挥学生自身的竞技能力，同时可以在训练中培养学生的合作意识、高战术意识以及他们自身的各项运动品质和顽强的拼搏精神。

（2）比赛训练的形式与内容

篮球比赛训练有教学比赛、检查性比赛、适应性比赛等。篮球比赛训练的方法有以下几种。

①为了让学生知晓比赛中正确的运用技术，可以采取加分和扣分的方法，从而加深学生的印象。

②组织一次篮球比赛，并且让一方队员模仿某一次比赛中的对手使用的技巧进行对打，以此进行训练。

③模拟比赛中的关键时刻打法。

④通过调换阵容的方式进行比赛。

⑤为了集中学生的注意力，提高学生的战术变化能力，可以用战术"暗号"的方式进行训练。

⑥控制好时间，以比赛中的时间为依据。

(3) 比赛训练的基本要求

①明确比赛训练的目的并做出具体要求。

②学生要进入状态，把比赛训练当作真实比赛，全心全意投入训练当中。

③在比赛训练中，教师要对比赛要求做具体指导，同时做好技术与战术的统计和录像工作。

④比赛训练结束后，要对此次训练的数据进行分析，并且让学生对个人及全队工作做全面总结。

5. 心理训练

心理因素对学生来说是非常重要的，所以在篮球运动训练中要进行相应的心理训练，对学生的心理特征加以影响，帮助学生学会控制和调整自己的心理状态，使学生能够以积极地心态完成训练以及比赛。

(1) 心理训练的目的

心理训练的主要目的就是加强学生在篮球比赛中或训练中的各种心理素质，战胜比赛中出现的各种心理障碍，提高学生的自我控制能力、注意力及防止各种干预的能力，促使学生在训练或比赛中能够具备积极的、稳定的心理状态，从而确保其以优异的成绩完成比赛。

(2) 心理训练的模式与方法

篮球运动的心理训练模式包括一般心理训练、参赛前心理训练、赛中的心理训练。为了确保学生能够顺利地完成心理训练任务，各项心理训练的安排要以它们之间的条件和依赖关系为主。

心理训练的方法有很多种，在篮球运动中常用到的训练有模拟训练、防守训练、自我调节等。

(3) 心理训练的基本要求

①对学生进行心理训练时，每一项要求都要根据从易到难的原则进行，只有逐步深化才能不断提高，才能达到最佳的训练效果。

②进行心理训练前，学生自身必须是积极投入的，这样的训练结果

才会事半功倍。

③心理训练要将身体、技术、战术以及思想教育等结合到一起进行综合训练，才能实现最终的目的。

④避免训练中产生适得其反的效果，心理训练中出现的各种反应需要用科学的方式进行处理，而且要及时调整和巩固训练效果。

⑤训练的方式要根据学生的个体性进行针对性的调理训练，这样才会获得良好的心理状态。

（二）高职院校篮球运动训练的任务

第一，培养学生对篮球事业的热爱以及团结友爱的集体主义精神、为国争光的爱国主义精神和优良的体育道德风尚。

第二，提高学生的心理素质，让其在篮球比赛中能够取得更好的成绩。

第三，在提高学生的技术、战术等专项技术的竞技能力的同时，使学生熟练地掌握篮球运动的理论知识。

第四，训练不仅要提高学生的各项技能，还要促进学生身体形态的发展，同时提高他们的机体能力。

第二节　高职院校篮球运动训练的基本原则与主要方法

一、高职院校篮球运动训练的原则

（一）周期性原则

所谓周期性原则，就是训练工作的安排按照一定的周期循环，周而复始地进行。体育运动训练属于一个系统且重复性较强的活动，所以它的训练项目基本都是以周期性原则为主。篮球训练属于体育训练中的一种，所以它的训练也要遵循周期性原则，主要表现在对学生的训练会在一定时期内采用循环不息的方法进行，第二次循环会在第一次循环的基础上增加难度，使训练要求不断提高，促使学生在这样的训练环境下练就过硬的技术以及心理素质，从而取得优异的成绩。

为了让学生能够时刻保持良好的运动状态，避免他们对训练内容产生生疏感，就需要安排紧凑一点的训练时间，训练时间可以一周一次。

（二）自觉性与积极性原则

篮球运动训练的目的不仅仅是训练学生的技战术，还有一个方面需要注意，那就是训练学生自身的自觉性与积极性。在训练过程中，教师应正确引导学生参加训练的积极性，让他们形成主动参与训练的意识，而且在这个过程中，学生需要积极参与对训练内容的探讨，使自己能够有创造性地完成训练内容。同时，教师还需要让学生认识到训练的目的，并且通过有效地措施提高他们的积极主动性，让他们有刻苦训练的意识。

（三）训练负荷合理性原则

好的训练方法一定有相应的训练负荷，篮球运动也不例外。如果想让篮球运动的训练达到预期的最佳效果，就需要具备相应的训练负荷，刺激学生最大限度地发挥自己的最佳水平，使得学生的竞技水平得到更高层次的提升。

训练负荷是一个循序渐进的过程，要以训练任务的对象及其水平为主要依据，经过科学、合理论证后才可进行。训练负荷会在不同训练环节中加大运动负荷量，一直到最大负荷要求为止。同时，运动负荷的加减程度是由教师决定的，因为他们清楚每一个学生的具体情况。综上所述，可以这样具体安排：第一步，根据训练的任务和对象及其水平进行运动负荷的安排；第二步，训练到一定程度之后，加大运动负荷，让学生适应后再将运动负荷加大，这样周而复始地循环下去，直到学生的极限，逐渐提高效果。

(四) 集体训练与个人训练相结合原则

集体训练是以全队训练为主，教练根据全队掌握的技术、战术进行集体训练或者以比赛的方式进行训练。篮球运动是以团体为单位的运动，所以比赛结果的好坏是由全队力量的强弱决定的。在训练过程中，全队训练的目的是提高队员之间技术、战术等方面的配合以及对抗其他球队的配合，这是一项团队合作的运动，意义极大。

由于人与人之间存在一定的差异性，所以在篮球运动训练中进行一定的个人技术等方面的训练是很有必要的，在训练过程中要根据每个学生的特点进行针对性训练。

篮球运动训练不仅要根据个体进行针对性训练，还要把个人训练与全队训练结合到一起，将个人训练的成果更好地带入团队中。在团队训练中，可以及时发现个人存在的问题，将二者结合到一起，不仅可以及时解决问题，还可以更好地让彼此互相磨合，打造出一支完美队伍。

(五) 一般训练与专项训练相结合原则

所谓一般训练，就是指学生参加的所有的运动项目都会运用到的一些普遍性的基础训练，它是对身体进行各式各样的练习，从而达到各个器官系统机能的提高，促使学生自身的身体素质、运动素质得到迅速提升与发展，也有利于实现学生一般心理品质的改进和发展。

专项训练，顾名思义，就是有针对性的训练。为了发展学生在篮球专项所需要的心理素质以及身体素质，就需要在篮球训练中专攻其技术动作及战术方法等，以此提高学生在篮球专项运动中所需要的器官系统的机能。

想要学生得到全面、协调发展，就需要将一般训练与专项训练结合起来，以专项的特征、自身的训练水平和不一样的训练过程为基础，对二者进行合理的有机组合，使学生达到最佳状态的发展。

(六) 训练与比赛相结合原则

训练与比赛二者之间是相辅相成的，训练就是为了比赛，同时比赛也是一种提高竞技能力的训练手段。篮球运动的训练就是为了培养优秀的学生，并在比赛中取得优异成绩，所以在训练过程中就要给学生灌输以比赛为目的的训练观。日常训练中，教师可以采取适当的比赛方式进行训练，将比赛与训练结合起来，让学生通过比赛发现训练时所遗漏的问题，这不仅可以提高学生的技战术水平，还可以让学生认识到训练与比赛的重要性。训练是为了创造更好的条件以及增强学生的实力，而比赛就是让学生能够从中获取实践经验，从而提高技术、战术。综上所述，训练与比赛相结合是非常重要的训练手段。

二、高职院校篮球运动训练的方法

（一）连续训练法

连续训练法就是在一定时间里用相对比较稳定的强度，连续不断地进行训练的一种方法，是训练中常用来提高和巩固学生身体素质和提升技术能力的训练方法。连续训练法是一个循序渐进的过程，一开始要用相对稳定的练习强度进行练习，然后再根据具体情况对不同学生逐渐加量，使学生的身体在这样的过程中得到更快地发展。

（二）重复训练法

重复训练法是指在训练中对某种动作采取同一运动量和相同间歇时间进行多次训练的方法，目的是提高学生运动量和加强其技能，在篮球训练中常应用于技术动作的练习，如运球、传球等。具体的重复次数应该按照学生所能承受的运动量、负荷强度及完成动作所需的运动量确定。

（三）循环训练法

循环训练法是根据训练的内容建立多个练习站，学生根据定好的路线按照顺序依次完成每个站点的练习，然后循环不息地进行训练的方法。循环训练法设立的每一个站点都是提前确定好的练习内容，并要求设定负荷参数，所以说循环训练是一种综合的练习形式，将不同的训练方法结合到一起，然后再一项一项完成。

(四) 间歇训练法

间歇训练法是指在篮球训练过程中一组练习完成后要严格控制间歇时间，休息一下再进行训练的一种练习方法。它的具体间歇时间长短是由训练强度、训练目标以及学生身体状况或训练水平等因素决定的。

间歇训练法还可用于几种技术、战术进行交替训练的间歇时间，主要是因为学生在训练某种技术到某种程度的时候会出现相应的障碍，可能是自身原因，也可能是其他原因，所以需要用到间歇法停止训练，或者进行其他项目训练，等到状态有所恢复再进行同一项训练。

(五) 变换训练法

变换训练法是指在条件发生变化下的训练方法。适当地对训练内容、训练环境、训练伙伴以及训练形式等进行综合变换，这样的改变会让学生产生新鲜感，从而在一定程度上提高学生的积极性，增强他们的适应性以及应变能力。例如，将训练环境换成不一样的，学生会对新的环境产生兴趣，激发他们训练的积极心态，这种训练方式对学生中枢神经系统的灵活性和协调性起到特殊作用。同时，变换既可以是周期性的，又可以是非周期性的。

(六) 比赛训练法

比赛训练法是指模拟真实的比赛规则和方式进行训练，提高学生的技术水平。平时的训练方式相对会比较枯燥，比赛的训练模式不仅可以激发学生的斗志，还可以提高学生的积极性，从而培养学生为取得优秀成绩不畏艰难的优良品质。

篮球运动常见的训练方式就是以比赛模式带动训练的方式，因为篮球运动中的技术、战术打法很多，所以学生所学的训练方法能不能在比赛过程中很好地发挥出来也是非常重要的。比赛训练法的形式也非常多，如模拟性比赛、适应性比赛等，选择哪种形式要根据实际情况按照训练要求而定。

第三节　高职院校篮球运动训练计划的制订细则

一、多年训练计划的制订

体育运动训练的多年计划一般由高职院校体育主管部门或教育部体育委员会制订，这一计划可以看作体育运动训练的总体规划。而篮球运动的多年训练计划则是根据学生的身体素质以及技战术的基础和各项素质指标的基本情况制订，同时把学生的个体差异性放入其中。制订这个计划的目的是让学生有"培养要趁早，基础要打好"的概念，达到"集中化训练，提高各项能力"的效果。

（一）多年训练计划的内容

第一，对主要对象进行各项状况分析，如身体素质、心理素质、年龄、生理特征以及基本技术情况。

第二，制定训练目标、任务、成绩及比赛安排等要求。

第三，学生各时段的训练内容、技术指标和主要措施。

第四，学生各阶段的测量和评价训练水平及选择全面考核的措施。

（二）多年训练计划的记录

可以采用表格的方式记录篮球多年训练计划，表格当中的数据尽可能采用百分比的形式，这样可以让计划看起来更加清晰明了。需要特别标明的是训练目的和训练任务，训练的步骤和时间安排要合理。此外，还要注意各项训练指标和测试方法以及训练运动负荷上的安排是否科学合理。

二、全年训练计划的制订

（一）全年训练计划的任务

高职院校篮球运动的全年计划任务应该以学生的具体情况为主，把上一学期训练的结果总结综合到一起，如学生的身体素质、运动技能和各项指标等，在这个基础上制定更高的任务，同时要保证训练工作的检查等措施，从而确保总目标的实现。

(二) 全年训练计划的类型

1. 单周期计划

单周期计划是指篮球训练以一个完整的大周期为单位进行的全年训练，训练内容包括三个阶段：准备期、比赛期和过渡期。

2. 双周期计划

双周期计划是指篮球训练以两个完整的大周期为单位所实施的全年训练。其实篮球双周期实际是以两个较短的单周期连接在一起形成的，包括了一个不长的减量和准备阶段。其中，准备阶段用时大约是2～3个月，这个时间段里发生明显变化的是学生的竞技能力的某一方面，然后在1.5～2个月这个时间段内组织学生参加一系列的比赛，让其竞技能力能够表现出来，同时再加上0.5～1个月的减量，就完成了一个大周期的训练，一般这样的一个大周期用时需要6个月左右。

3. 多周期计划

篮球多周期计划就是将上面两种计划结合起来的全年计划，它不仅要求学生在将近3个月的时间里竞技能力能够有明显提升，而且需要能够在比赛中展现出来。同时，在制订高职院校篮球多周期计划的过程中，为了检测学生的训练水平及成效，高职院校需要合理安排3次左右的比赛，而且应把最重要的一场比赛安排在最后一个周期内。

(三) 全年训练计划的周期

为了将篮球运动的全年训练计划安排得更严密、更科学，可以将训练分为准备期、比赛期、过渡期三个阶段。

1. 准备期

准备期又分为一般准备和专门准备两个阶段，这一时期主要是为提高学生的心理素质、技术等方面做前期准备，从而初步形成竞技状态。

2. 比赛期

比赛期是为了发展专项素质，完善专项技术，提高比赛能力，从而促使学生形成良好的竞技状态。

3. 过渡期

过渡就是由某个阶段进入另一种状态的时期。全年训练的过渡期就是为了消除学生的赛后疲劳感，促进学生身体机能的恢复。

以上三个时期是全年训练计划的重要时段，它们之间既存在共性，又存在差异性。想要整个训练能顺利进行就必须严格按照程序步骤进行，所以不得随意对个别周期进行调整，如果由于其他因素不得不调整时，也需要保证其他时期的主体任务尽量不被破坏。

三、阶段训练计划的制订

制订篮球阶段训练计划的目的不仅是保证学期计划中每个时期的训练任务能够顺利完成，还起到具体承接和及时调整各个时期的训练内容的作用。在制订计划时，要明确具体而周密的训练任务、训练内容和运动负荷。

四、周训练计划的制订

篮球的周训练计划具有一定的完整性和重复性，所以相较于多年计划与全年计划，内容更为详细和具体，而固定训练是它的主要训练内容。

同时，为了能够达到满意的训练效果，教师会对此做出不同的且合理的安排，在训练阶段、训练任务、完成情况等都不相同的情况下会合理安排一周的训练内容和负荷内容。

（一）周训练计划的类型

为了让篮球周训练计划更有针对性，可以依据不同的时期将训练计划分为四种不同的类型，如基本周训练计划、赛前诱导周训练计划、比赛周训练计划以及恢复周训练计划。同时，与之相对应的则是篮球训练计划周期的准备期、比赛期以及过渡期。

(二) 周训练计划的任务

学生应根据周训练计划的步骤逐步完成训练任务，首先完成周训练计划的基础任务，其次再根据周训练的计划内容继续进行。为了避免较有难度的训练或负荷都累积到一起，使学生产生疲劳感，在周训练执行过程中，教师要及时观察有没有什么问题，最后还要考虑训练的系统性和各项训练之间的关系以及不合理安排所导致的各种问题，所以周训练计划的任务并非千篇一律。下面简单分析不同时期的周训练内容的主要任务。

1. 基本周训练

基本周训练是指为了让学生能够适应更强的刺激而对他们的负荷进行高度训练，以此达到提高他们的篮球竞技水平的目的，它是全年训练中使用频率最高的一种训练类型。基本周训练也是一个循序渐进的过程，可以根据学生的具体需求增加训练量。

2. 赛前诱导周训练

所谓的赛前诱导，就是在比赛前采用有效的劝导，使学生的身体状态以及心理状态达到最佳，并把各项竞技能力都集中到专项上，为比赛做好充足的准备。

3. 比赛周期训练

一般在比赛前都会有一个周期训练，它一般会在比赛前一周左右进行，目的是让学生在比赛前将平时训练的成果更好地发挥出来并加深巩固，促使学生能够达到更好的竞技状态。

4. 恢复周训练

恢复周训练也是一个很重要的训练类型，它可以缓解比赛给学生带来的疲惫感，使学生的身体能够逐渐恢复到比赛前的状态。一般采用的训练手段是中低等的恢复性训练方法。

(三) 周训练计划的负荷安排

周训练计划的负荷安排和周训练计划的任务一样，都是根据基本周、赛前诱导周和比赛周以及恢复周进行分类的。

1. **基本周的负荷安排**

在科学合理的基础上将学生的训练强度和训练量加大就是基本周训练的主要任务。要想达成既定目标，采取的方法有在保证训练量和训练强度不变或减少的情况下提高训练强度和训练量；在训练量和训练强度都不变的情况下，通过负荷的累加效应给机体以更深刻的刺激。

2. **赛前诱导周的负荷安排**

要避免训练量和训练强度的增加，可以适时减少训练，提高训练强度，如果训练量本身就不大的话也可以相应保持住。

3. **比赛周的负荷安排**

负荷安排主要是依据学生的身体素质在比赛当日能不能保持在最佳竞技水平上。比赛前，为了保证学生比赛当日的最佳状态不能训练过度，应保持或降低训练强度，所以说总的负荷水平不会过高，而负荷的组合方法是根据学生赛前的状态与专项特点制定的。

4. **恢复周的负荷安排**

赛后学生难免出现身体疲惫现象，所以应降低训练强度以及减小或适当保持一定水平的训练量。

（四）周训练计划的内容

1. **基本周训练内容**

基本周训练不是单纯的某种训练手段，而是多种的，可以使用篮球训练中的任意一种方法，进行合理、科学的连续性训练。同时，为了全面发展学生的竞技能力以及增强学生的身体素质，可以选择发展一般身体素质和专项素质的多种训练手段。想要提高学生的运动技能，就需要采用分解和完整性相结合的技术训练手段。

2. **赛前诱导周训练内容**

它与基本周训练差不多一致，但是又有所不同，因为赛前诱导训练的着重点是对专项训练的加强，训练课的强度和组织模式与专项比赛的特征更为相似。所以，它一般会减少身体素质训练而增强专项身体训练，想要促进学生专项竞技能力的发展，就需要增加完整练习的比例。

3. 比赛周训练内容

想要让学生在比赛过程中充分发挥前期的艰苦训练所获取的竞技能力，就需要在赛前进行各项能力的强化训练。例如，赛前 3~5 天可以安排高度的专项练习，赛前 1~3 天则安排中低等的一般训练或专项训练。

4. 恢复周训练内容

为了缓解比赛带来的生理和心理上的疲惫感，恢复周训练尽量安排一些一般性的身体练习，如篮球游戏等。

（五）周训练计划的记录

为了能够清晰地了解周训练计划的内容，可以采用表格的方式将其记录下来。

相较于篮球运动的阶段训练、全年训练和多年训练计划来说，篮球运动的周训练计划更具有灵活性。只要周训练的总体训练目标仍然以阶段训练计划的内容为主，教师就可以根据具体的因素对周训练进行调节，例如，根据学生训练情况，可以对周训练的任务、次数以及时间甚至是内容和运动负荷进行合理的安排和调整。

五、课时训练计划的制订

课时训练计划是指体育教师对开展一堂课的教学准备，同时也是体育教师使用较为广泛的一种计划方案，是由体育教师根据多年的教学经验所总结出来的"宝典"。它分为准备、基本以及结束三个部分执行。

（一）准备部分

所谓准备，就是把静止状态下的学生带入运动状态中，准备不仅具有起始作用，还能够使学生的情绪产生相应的变化。所以说，准备部分不仅会对学生的生理产生作用，对其心理也可以产生相应的作用。

（二）基本部分

基本部分是形成课的主要因素，一般是按照节奏一步一步进行的，其中运动负荷还必须有一次或一次以上达到高峰期。

（三）结束部分

基础部分完成后，需要做一些简单的调整降低运动负荷，以此恢复学生的身体状态，从而促使学生能够尽快恢复其身体平静状态，以便进行其他项目的开展。

以上三个部分既有共性又有个体差异性，为了能够更好地展现课时训练计划，就需要对课时训练计划进行更好地安排，可以采用表格形式制订课时训练计划表。

六、自我训练计划的制订

在体育教师制订训练计划的同时，学生也可以根据自己对运动技术掌握的了解程度做一个自我训练计划。在制订自我训练计划时，学生要考虑的因素有两点：一是对自身身体素质有全面地认知；二是根据这个实际状况给自己制订一个持久的、连贯的、循序渐进的训练计划。其内容主要分为以下三个阶段。

（一）基础练习阶段

这个阶段可以给自己安排一些基础练习，如篮球技术基本功的练习，从而增加自身的球感，促进篮球技术的提高与发展。

（二）组合练习阶段

此阶段主要是以组合技术为主要因素，还可以依照基础练习阶段的各项反应进行针对性练习。为了给将来实战中能运用到的技能打好基础，还可以对两种或两种以上的类似技术进行组合，主要是以平时在实战中可能遇到的情况下所用到的技术方法为主，如运球、传球、换手等技术动作。

（三）增加对抗内容练习阶段

对抗是篮球运动中不可避免的原则，也是篮球运动的一大特点，每一次比赛学生都会遇到技术以及身体上的全面对抗，所以学生在制订自我训练计划的过程中，适当增加对抗内容是必不可少的，一般可以通过寻找伙伴辅助的方法进行训练。

同时，还有一点需要注意，就是训练的时间长度。为了让学生养成良好的训练自觉性，每周练习至少安排3次，且每次练习的时间不能低于40分钟，其间有10分钟需要做热身运动，然后再进行练习。训练强度也需要严格控制，大约控制在心率150次/分钟。

第四节 高职院校篮球运动训练水平的测量与评价

一、高职院校篮球运动训练水平测量与评价的基本内容

（一）测量与评价的基本内容

在高职院校篮球训练过程中，能够影响学生训练水平的因素相当多，例如，学生的身体形态、运动素质及技战术、智力的发展水平等因素，所以测量的同时也需要确保检测的内容是这些因素。

（二）测量与评价的基本要求

1. 测量的基本要求

第一，测量的方式要既简单又易操作。

第二，必须采取牢靠、有效、客观的基本方法。

第三，测量的方法不仅要与篮球运动相符合，还要求能够真实反映训练水平，如学生跑的特点是短距离多、变速多、以视觉信号为刺激物等。

第四，要严格按照测试规范和实施细则执行。

第五，测量的时间需要根据学生身体状况的实际情况进行调整。

2. 评价的基本要求

第一，测量出来的每一项数据，都要进行数据处理与分析。

第二，给学生制定评价的具体标准，并以这个标准与实际情况做对比分析，并给予一定的评价。

第三，要想对学生的训练水平做出精准的评价，就必须以全面分析

各指标为基础,对学生的每一项测量指标都进行综合分析。

第四,为了清晰明了地看出评定结果,最好是用表格形式体现。

二、高职院校篮球运动训练水平的简单测量与评价方法

(一)主观评价

所谓主观评价,就是以个人的角度去看待。篮球运动训练的主观评价就是让学生在训练后身体进行自我检测的一种方式,主要包括以下内容。

1. 排汗量

之所以将排汗量作为对学生负荷运动进行评价的指标之一,是因为篮球训练或比赛都是一种高消耗能量的运动,在这个过程中会排出大量的汗液,所以对排汗量进行评价是很有必要的。

人体在运动的时候和正常情况下所排出的汗量是不同的,一般情况下,人体昼夜排出的汗液是700毫升左右,能量散发400卡路里左右,运动时,人体新陈代谢会加快,所以排汗量也会相对较多。如果运动负荷适中,排汗量应该是适量的一个状态,身体也会感觉良好,但是如果排汗量加大,出现身体不适、冒冷汗等情况,就证明此时的运动负荷量过大,应该马上调整。还需要注意某些外界因素的影响,如训练场的温度过高导致排汗量增加,或者个人的实际情况等。所以在评价排汗量时,要将这些因素全部考虑进去,这样评价处理的结果才会更精确。

2. 情绪状况

情绪属于心理学的一种。心理因素对于体育运动有着重大的影响,情绪就是其中的一种。情绪会直接影响学生的身体状况,如果运动负荷安排得适中,学生不但不会有负面情绪,还会积极主动地进行训练,训练过后也会感觉精神状态良好。

3. 自我感觉

自我感觉是自身的最直观的感觉,就是学生对训练中运动负荷的最直接的根据。例如,学生在训练后略感不适,但是经过一晚上的休息,

就生龙活虎、心情愉悦，那就证明运动负荷适中；反之，倘若休息后还是萎靡不振，心情不佳，甚至身体状况各方面都欠佳，那就证明运动负荷过大或者内容安排不当，就需要及时调整。

4. 食欲

体育运动是一项高消耗能量的运动，所以在运动过后一般会食欲大增（一般在训练后半小时左右会出现强烈的饥饿感）。同理，如果在运动后不仅没有饥饿感，反而食欲大减，则说明运动负荷内容安排不合理或运动负荷量过大，亟须调整。

5. 睡眠

睡眠是大脑休眠和身体恢复的重要形式，是反映学生身体健康的一个重要指标。如果学生在训练后入睡速度快且睡醒后精神状态良好，说明运动负荷适宜。

（二）客观评价

训练者使用量化的指标对训练效果进行评价的方法叫作客观评价。科学地掌握客观指标对及时调整运动负荷以及合理安排运动内容是极具意义的。客观评价可以用锻炼强度指数确定运动负荷强度的大小。

除了在运动中需要测量脉搏之外，还需要对恢复情况进行掌握。即使是再大的运动负荷，脉搏也会在 2～3 天以内恢复好。检查身体恢复状态，最简便的方式就是在早晨起床后对脉搏、血压进行检查。假设晨脉的变化不超过正常的 3～4 次一分钟，血压变化程度在 10 毫米汞柱以内，就说明运动负荷适中；假设锻炼后脉搏和血压还在持续上升，说明运动负荷过大，因此引起疲惫感，所以需要及时调整。

三、高职院校篮球运动训练水平的具体测量与评价方法

（一）身体形态的测量与评价

身体形态是指人体外部的形态特征，它是对人体生长发育水平及营养状况的一个表现。反映身体形态发育的指标有身高、体重、臀围、呼吸差等，基本指标是身高、体重和胸围，其他指标可以根据具体情况进

行选择。

1. 身高

身高是指人从头顶到脚之间的最大垂直距离，是反映人体骨骼的发育状况以及人体纵向发育水平的重要指标。在测量身高时，学生应赤脚呈立正姿势站好，足跟与身高计立柱相接触，两眼平视前方，不可弯腰斜站，保持立正姿势，耳屏上缘与眼眶下缘保持在同一水平线上。测量者取头顶上数据做登记，以厘米为单位，需要精确到小数点后一位，且误差不可超过0.5厘米。

2. 体重

体重是人体横向发育水平的指标。人体骨骼、肌肉、脂肪以及内脏器官的综合发育程度都是由体重反映出来的。同时，体重没有绝对的数据参照，它的形成会受到各种因素的影响，如年龄、性别、身高、体质、身体健康状况等。在测量的时候，要尽量减少外在因素的负担，男子穿短裤即可，女子只可穿短裤背心，而且要排空大小便才可测量。体重是以千克为单位，需精确到小数点后一位，误差不可超过0.1千克。

3. 胸围

胸围可以反映胸廓的大小以及胸部、背部肌肉的发育情况。胸围是人体宽度和围度最具代表性的测量指标。测量时，学生保持自然站立，平静地呼吸，测量者用尺子围绕学生的胸廓一周，如果是发育成熟的女性，则将带尺置于乳头上方第四根肋骨与胸骨接连处。从侧面观看带尺须呈水平状态。在呼气末吸气前开始取值，以厘米为单位，精准到小数点后一位，误差不得超过1厘米。

4. 呼吸差

呼吸差可以反映人体生长发育状况以及呼吸肌的力度大小，它的取值范围是深吸气胸围和深呼气胸围之间的差值。测量时，学生要保持平静的胸围状态，进行最大限度的吸气，此时，将深吸气胸围数据记录好，接着就做深呼气，同样将其数值记录好，它们之间的差值就是呼吸差。测量时需要注意几点：带尺要紧贴皮肤，随着吸气和呼气之间的变化而进行放松与收紧，并保持位置不变；吸气时不要耸肩，呼气则不要弯腰弓背。呼吸差的大小可以反映出呼吸系统的技能好不好，值越大机能越好。参照数值：普通学生6厘米～8厘米，经常运动的学生可以达到8厘米～10厘米，专业学生可以达到12厘米以上，呼吸差数值较小的可以通过游泳和跑步改善。

（二）身体机能的测量与评价

1. 心率

心率与吸氧量之间存在线性的关系，所以心率的快慢可以反映出运动量和强度的大小。心率是心脏周期性收缩活动的频率，用次/分钟表示。一般情况下，脉率与心率是一样的，而且测量心率最简便的手段就是计算脉搏，所以测量脉搏是运动实践中经常用来测量心率的方法。

2. 血压

测量中，血压常被象征着上臂肱动脉血压。因为血压是大动脉内的血流对血管壁产生的侧压力，是心室射血与外周阻力两者相互作用下的结果。

3. 肺活量

肺活量是指一个人使用全力吸气之后呼出来的最大气量的值。它是一种经常用来反映呼吸机能的指标，它测量处理的数值与人的各项因素都有着密切的关系，如年龄、体重、身高、健康程度等。正常情况下，体重和胸围大的人肺活量也不小，所以它与身高、体重、胸围这三者之间都是成正比的关系。测量时，学生保持立正姿势站好，手握肺活量计，注意此时要做最大的吸气，然后对准肺活量计的吹气嘴做最大的呼气，直到不能呼气为止，然后测量者对肺活量计上的数值进行读取。每个学生测量3次，间隔时间大约在15秒，然后选取3次中的最大值，精确到10位数，误差不得超过200毫升。肺活量与呼吸深度密切相关，主要是对静态气量的一个反映。正常成年人的肺活量：男性4000～4500毫升，女性2600～3200毫升。

4. 心电图

实践过程中发现学生心电图上的变化比较多，所以在确定学生心电图特征之前，先要仔细观察心电图上变化的特点是不是存在病理情况。

5. 血红蛋白

血红蛋白是人体内负责运输氧气的一种蛋白质,运动中学生需要保持氧气供应充足,所以它会对人体的运动机能产生直接影响。因而,血红蛋白的测量就是对学生机能指标的评定。

6. 血乳酸

血乳酸是体内糖代谢的中间产物,作用非常大,在学生对肌肉进行活动时,它的生成率和训练水平、负荷强度、运动的时间以及缺氧等因素都有重要关系。

7. 尿蛋白

尿液里出现蛋白称为蛋白尿,也就是尿蛋白。运动时会引起尿中蛋白增加,所以称之为运动性尿蛋白。一般情况下,学生的尿蛋白与常人没有差异。

8. 反应时

反应时是指机体从接受刺激到做出反应动作所需的时间,也就是从刺激到反应之间的距离。机体的一切生理过程都会受神经系统的支配和调节,如学生在运动的时候,经过运动神经的传导,支配骨骼肌会产生相应的动作。反应时越短,机体对刺激的反应就更快,灵活性就越高。

(三) 身体素质的测量与评价

1. 力量测量

篮球的力量对于学生来说是很重要的一个因素。测量方法有很多,可以用专门的测力计来测量手的握力、背力以及上下肢的力量。如果没有这种测力计,则可以通过俯卧撑、引体向上测量上肢的力量,腹肌力量则可以用仰卧起坐的方式。同时,在测量过程中,还需要结合篮球专项特点对专项力量进行针对性测量,如投篮可以测量手腕及前臂力量,用蛙跳的方式可以测量下肢力量和弹跳力。

2. 耐力测量

一般耐力可以用 500 米或者越野跑来测定。专项耐力的测量指标可以采用反复来回跑、反复滑步练习和二人直线全场反复传球练习。

3. 速度测量

简单一点的方法可以采用 100 米或者 150 米作为一般速度的测量,

或者用专门的测量仪器进行测量。专项速度测量需要用到的方法有 30 米跑、来回跑、变向跑、短距离滑步、曲线运球等。

4.柔韧性测量

篮球运动是一项需要长时间跑动和具有极强耐力、弹跳力的运动，所以好的柔韧性是非常重要的，它可以在一定程度上减少受伤，同时还可以增大运动的幅度。测量柔韧性的方法主要有两种。

（1）肩部柔韧性的测量

可以握住一根棒或者绳子，然后向后倒和向前倒做翻手动作，以双手之间的最短距离为依据判断柔韧性的好坏。

（2）髋部的柔韧性测量

以劈叉的方式测量，以臀部和地面之间的距离为判断依据。

为了准确地测量学生的身体训练水平，统计要用标准百分法或累进计分法专门的评分表，根据测量出来的数据进行查表，即可评定其训练水平。

（四）战术水平的测量与评价

篮球比赛过程中，学生使用的战术行动是否合理，有没有在比赛中起到作用是战术水平测量的重要依据。

1.进攻方面

进攻方面包括个人的攻击意识和能力、助攻意识、团队配合意识和能力，等等。

2.防守方面

防守方面主要包括防守的攻略以及攻击性、防范意识及其能力。

（五）心理机能的测量与评价

1.运动焦虑的测量

学生在参加比赛时偶尔会产生心理以及生理方面的焦躁，目前常用于测量运动焦虑的方法主要有以下几种。

（1）皮电测量。人在过度紧张的情况下，毛细血管会跟着收缩，使得汗腺活动增强，导致出现皮肤出汗的状况，从而会使皮肤电阻变大和电流量增高，所以测量皮肤电的变化就可以测量出焦虑。

(2) 脑电测量。脑电测量就是对脑电图中的阿尔法波和贝塔波在紧张和放松两种状态时的变化进行测量,从而判断是否处于焦虑状态和焦虑的程度。

(3) 肌电测量。心理紧张会导致肌肉发生变化,可以通过对肌电的测量鉴定出学生是否存在紧张状态。

(4) 生化测量。人在紧张状态下会使某些腺体分泌的激素发生改变,如肾上腺素会增加等,可以通过测量血和尿得出变化结果。

(5) 血压测量。血压如果持续升高也是一种心理紧张的表现。

(6) 心率测量。心率如果发生明显变化,有可能就是焦虑带来的强烈反应,如心跳突然加速、心律不齐等。

(7) 问卷调查。为了准确判断学生的焦虑水平,可以策划一份良好的调查问卷,在比赛前或者赛中对学生进行访问,以此了解学生的真实状态。

2. 反应能力的测量

(1) 落尺法。目的是检测学生的视动反应,虽然简单容易操作,但是精准性不高。

(2) 神经机能测试法。这种方法能检测学生的简单反应时与选择反应时。简单反应时是指测试对一些简单刺激做出的快速反应能力,而选择反应时则是为了测试学生对某一特殊刺激能够从多种刺激中抉择出来然后做出迅速反应的能力。

(3) 综合反应测试法。就是测试学生手、脚、脑等部位的协调与配合反应的灵活性和精准性。

3. 动觉方位的测量

所谓动觉方位,就是指大脑对躯干与四肢位置所发生变化的反映。动觉方位感受性对于学生能否精确地完成动作具有关键意义,因为它是形成运动技能和加强心理素质的重要因素之一。动觉方位感受性的测量需要在消除视觉的情况下根据动觉表象才可以进行。

第四章　高职院校篮球技术的教学与训练

第一节　高职院校篮球运动移动技术

一、移动技术的动作方法

移动技术是高职院校篮球运动中学生控制身体和改变位置、方向、速度，争取高度与抢占位置所采用的各种动作方法的总称，是掌握篮球攻防技术的基础。

移动技术有走、跑、跳、急停、转身、滑步等各种脚步动作。移动技术的动作结构主要是由以踝、膝、髋关节为轴的各种运动动作组成，上肢加以配合。保持正确合理的准备（基本）姿势、控制身体重心的平衡与身体各部分的协调配合是移动技术的关键。

（一）基本姿势

为了更好地发挥进攻与防守技术，学生在场上有必要随时保持平衡、稳定、快速起动的身体姿态。这种身体姿态是篮球场上的基本姿势，又称为篮球运动的准备姿势或预备姿势，这种姿势为所有的攻防情况做了最佳准备。

基本姿势的动作方法：两脚前后或左右开立，两脚的距离约与肩同宽，两膝微屈（大小腿之间的夹角约为 135°），身体重心控制在两脚前脚掌的连线之间，上体前倾，收腹，含胸立腰，两肘自然弯曲，垂于身体两侧。

（二）起动

起动是队员在球场上由静止状态变为运动状态的一种动作，是获得位移速度的方法。进攻时，突然快速地起动，是摆脱防守的有效手段之一；防守时，突然快速地起动，可以抢占有利位置，使自己在防守中获得先机。

从基本站立姿势开始，向前起动时，以后脚或异侧脚的前脚掌短促有力地蹬地，同时上体迅速前倾或侧转，向移动的方向转移重心，手臂协调地摆动，充分利用蹬地的反作用力，迅速向移动的方向迈出。

(三) 跑

跑是为了完成攻守任务而争取时间的脚步动作。跑常与低重心情况下的变速变向结合使用。比赛中经常运用的跑有两种：变向跑与侧身跑。

变向跑是学生在跑动中利用突然改变方向完成攻守任务的一种方法。动作方法（以从右向左变向为例）：从右向左变向时，最后一步用右脚前脚掌内侧用力蹬地，同时脚尖稍内扣，迅速屈膝，腰部随之左转，上体向左前倾，转移重心，左脚向左前方跨出，然后加速前进。

侧身跑是学生在跑动中为了抢位，摆脱防守接侧向或侧后方传来的球，而采用的一种跑动方法。动作方法：在跑动时，头部和上体转向侧面或有球的一侧，脚尖朝着跑动方向。跑动时，既要保持奔跑速度，又要保持身体平衡，双手自然放在腰侧，密切注意观察场上情况。

在攻防技术中，学生还要学会向后的起动和后退跑，后退跑可以使学生在向后移动的过程中保持良好的视野。

(四) 急停

急停是指学生在快速移动中突然制动的一种方法，是各种脚步动作衔接和变化的过渡动作。比赛中急停多与其他技术结合在一起运用。急停分跨步急停和跳步急停两种。

在改变方向或快速移动中学生可采用跨步急停。跨步急停是两拍急停，急停时先向前跨出一大步，用脚跟先着地并迅速过渡到全脚掌抵住地面，降低重心，身体稍后仰，第二步落地的同时，两膝深屈并内扣，身体稍侧转，两脚尖自然转向前方，前脚掌内侧用力抵住地面制动向前的冲力，上体稍后仰，两臂屈肘自然张开，然后上体迅速自然前倾以控制身体平衡。当运球结束时使用跨步急停，规则规定后脚为中枢脚。

跳步急停也是攻防技术中的基本急停方法之一，在节约时间和空间方面较为有优势，可用于进攻与防守中，也可与转身相结合，还可用于迅速获得投篮、传球、运球准备姿势以及接球后身体的平衡和位置的控制。跳步急停是一拍急停，跑动中用单脚或双脚起跳，使双脚稍有腾空，上体稍后仰，两脚平行或前后落地（略宽于肩）形成进攻基本站立姿势。

（五）转身

转身是指学生以一脚作中枢脚进行旋转，另一脚蹬地向前后跨出，改变原来身体方向的一种动作方法。转身可与急停、跨步、持球突破结合运用，从而有效地摆脱防守创造传球、投篮、突破的机会。转身分为前转身和后转身。

前转身是以中枢脚为轴，向前移动改变身体方向的动作方法。转身时，学生中枢脚前掌用力碾地，移动脚蹬地并迅速跨步，同时转腰转肩并保持身体平衡。

后转身是以中枢脚为轴，向后改变身体方向的动作方法。转身时，学生中枢脚碾地旋转，移动脚蹬地并向自己身后撤步，同时，腰胯主动用力旋转，身体重心随着转移，保持身体平衡。后转身可在原地或行进间运用。

（六）滑步

滑步是防守移动的一种主要方法，易于保持身体平衡，可向任何方向移动。

动作开始时，为了保持身体的平衡和灵活，应两脚平行站立，两膝较深弯曲，上体略前倾，两臂侧伸。向左侧滑步时，左脚向左迈出的同时，右脚蹬地滑动，向左脚靠近，两脚保持一定距离，左脚继续跨出。向后滑步时，一只脚向后撤步着地的同时，前脚紧随着向后滑动，保持前后开立姿势。向前滑步时，前脚向前迈出一步。着地的同时，后脚紧随着向前滑动。保持前后开立姿势时,注意屈膝降低重心;滑步时,保持屈膝降低重心,身体不要上下起伏,两腿不要交叉,重心保持在两脚之间,两臂自然张开挥摆,协调全身用力,两眼注视对方。

(七)撤步

撤步是前脚向后撤步的一种方法。撤步时,学生用前脚的脚掌内侧蹬地,同时腰部用力向后转动,后脚碾蹬地面,前脚快速后撤,紧接着滑步调整防守位置。前脚蹬地后撤要快,后脚碾地扭腰转髋要猛,后撤角度不宜过大,身体不要起伏。

(八)跳

跳是指学生在场上争取高度及远度的一种动作方法。篮球比赛中很多技术需要学生在空中完成,学生必须能单脚起跳、双脚起跳,会在原地、跑动中和对抗条件下向不同方向跳、连续跳等。并要起跳快、跳得高、滞空时间长,以更好地在空中完成各种攻守动作。跳有双脚起跳和单脚起跳两种方法。

双脚起跳力量集中,用于内线区域抢篮板球、强行投篮,双脚起跳前必须保持身体的平衡。起跳时,两膝弯曲降低重心,两脚用力蹬地,同时提腰摆臂向上起跳,跳在空中时,身体自然伸展控制平衡。落地时,前脚掌先落地,屈膝缓冲重力,注意保持身体平衡,以便衔接下一个动作。双脚起跳多在原地运用,也可在上步、并步、跳球或助跑情况下运用。

单脚起跳常用于行进间投篮、封盖投篮,也用于冲抢篮板球,这种起跳方式需要时间和空间,多在助跑情况下运用,但能跳得更高。起跳时,踏跳脚脚跟先着地,迅速过渡到脚前掌用力蹬地,同时提腰摆臂,另一腿快速屈膝上提,当身体达到最高点时,摆动腿自然伸直与起跳腿合并。落地时,双脚要稍分开,注意屈膝缓冲,以便衔接其他动作。

二、移动技术教学与练习

(一)移动技术教学与练习建议

第一,移动技术教学顺序:基本站立姿势、起动、跑、滑步、急停、转身、跳、攻守步法。

第二，在教学与训练中，教师应先采用慢速练习方法，让学生体会动作难点和掌握动作方法，再用正常的速度练习各种脚步变化。在掌握各种移动技术之后，要结合一对一的攻守对抗练习，培养、提高学生运用移动技术的意识和能力。

第三，移动技术的练习应与提高专项身体素质紧密结合，加强下肢力量和踝、膝、髋关节灵活性及手臂动作协调的训练，还应与其他攻守技术、战术基础配合结合进行。

（二）移动技术练习方法

1. 起动和跑的练习

（1）基本站立姿势（面向、背向、侧向），听或看信号做起动和跑的练习。

（2）在各种情况和状态下（蹲着、坐地、原地各种跑动中，原地向上、向侧跳起时，滑步中，急停以后），听或看信号向不同方向做起动和跑的练习。

（3）自己或同伴抛球，球离手后起动快跑接球，不让球落地，把球接住。

（4）原地运球，听或看信号做起动快速运球的练习。

（5）利用篮球场的圈、线做侧身跑和对角折线跑。

（6）两人一组做侧身跑。

（7）两人行进间传球，练习侧身跑。

2. 急停练习

（1）保持基本站立姿势，慢跑两三步，接着做跨步急停和跳步急停。

（2）以稍快节奏跑三五步，接着做跨步急停和跳步急停。

（3）快跑中听或看信号做跨步急停。

（4）跑动中做接球急停，然后传球。

（5）运球结束时做急停，接着传球或投篮。

3. 转身练习

(1) 呈基本站立姿势，分别以左、右脚为轴，做前、后转身 90°、180°、270°的练习。

(2) 慢跑中急停，做前、后转身 90°、180°起动快跑。

(3) 原地持球，分别以左、右脚为轴，做前、后转身练习。

(4) 跳起接球后，做前、后转身传球、运球或投篮。

(5) 在一对一攻守中，做前、后转身护球练习。

4. 跳的练习

(1) 原地听信号向上或跨步向前、侧、后上方做双脚起跳练习。

(2) 助跑两三步后，做单脚或双脚起跳。

(3) 结合跨步、转身、急停等动作练习起跳动作。

(4) 助跑单脚起跳用手摸篮板、篮圈练习。

(5) 单、双脚起跳后做接球、传球或断球等动作练习。

5. 防守步法练习

(1) 听信号和看手势做向左、向右、向前、向后滑步。

(2) 向前滑步变后撤步接侧滑步。

(3) 向前或向后滑步，接攻击步变后撤步接侧滑步。

(4) 按规定路线或按标志物做"之"字形、三角形、小"8"字形滑步和"T"字形碎步练习。

(5) 一对一攻守中，迎上做碎步堵截对手移动路线练习，做攻击步抢球、打球练习。

（三）移动技术易犯错误与纠正方法

1. 易犯错误

(1) 起动前身体重心偏高，两膝弯曲不够，不便于迅速蹬地。

(2) 侧身跑时上体转体不够，动作不协调，转身时腰胯用力不够。

(3) 急停时，身体松展造成停不稳，重心前移，没有制动和身体自然调整重心的动作。

(4) 转身时，中枢脚未用前脚掌作轴旋转，身体上下起伏，重心不稳。

(5) 滑步时，两脚并步，身体重心上下起伏。

2. 纠正方法

(1) 加强髋关节的灵活性练习。

(2) 加强腿部肌肉力量练习。在规定的高度下做移动练习，强迫屈膝降低重心。

(3) 教师用正确的示范动作引导学生练习，在练习中经常用语言提醒。

(4) 为了使学生规范地掌握动作，在教学方法上可以用技术分解进行练习，练习由慢至快、由简入繁。

第二节 高职院校篮球运动传接球技术教学训练

一、传接球技术的动作方法

传接球技术是篮球运动中的主要技术之一，是指在高职院校篮球比赛中进攻队员之间有目的地支配球、转移球的方法。它是学生在场上相互联系和组织进攻战术的纽带，也是实现战术配合的具体手段。传接球质量的好坏直接影响战术执行质量的高低以及实施攻击成功率的高低，甚至左右比赛的胜负。高职院校篮球运动要求学生在比赛中运用传接球技术时做到隐蔽、及时、多变、准确，巧妙地利用球的转移调动防守，可以打乱对方的防守部署，创造良好的进攻机会，提高攻击效率。

(一) 双手胸前传接球

双手胸前传接球是篮球比赛中一种最基本、最常用的传球方法，具有传球快速有力、准确性高、容易控制、便于与其他动作相结合的优点。

持球时，两手五指自然分开，拇指相对成八字形，用指根以上部位握球的侧后方，手心空出，两肘自然弯曲于体侧，将球置于胸腹之间。肩、臂、腕肌肉放松，两眼注视传球目标，身体成基本姿势。传球时，后脚蹬地，身体重心前移，同时两臂前伸，在伸展手臂的同时，前臂外旋,同时拇指用力下压,食指、中指用力弹拨,将球传出。出球后手心和拇指向下,其余手指向前。

(二) 双手头上传球

双手头上传球的出手点高,适合身材高大的学生抢获篮板球后的快攻第一传,或在外线学生传给内线学生的高吊球时使用。

传球时,学生双手持球置于头上方,前臂向前挥摆同时外旋,手腕前屈外翻的同时,拇指、食指、中指用力拨球,将球传出。远距离传球时,可以加强下肢蹬地的力量,并收腹带动前臂挥摆,以加大传球的力量。

(三) 单手肩上传球

单手肩上传球是一种常用于中远距离的传球方法(棒球式传球)。传球时用力大,球飞行速度快,利于学生在发动长传快攻时运用。

传球前,学生双手持球于胸前,两脚平行开立,右手传球时,左脚向传球方向跨出半步,右手靠左手拨送球的力量将球引至右肩上方,右肩关节引展,大、小臂自然弯曲,手腕稍后屈,持球的后下方,左肩对着传球方向,重心落至右脚上。传球时,学生右脚蹬地发力同时转体带动上臂,以肘领先前臂,手腕前屈,食指、中指、无名指用力拨球将球传出。

(四) 单手体侧传球

单手体侧传球是一种近距离隐蔽传球的方法,是一种穿越紧盯防守队员的快速传球,外围学生传球给内线同伴时常用这种方法,与跨步、突破等假动作结合运用效果较好。单手体侧传球可以在空中直接传球,也可以传反弹球。

传球前,学生两脚开立,双手持球于胸前。右手传球时,学生左脚向左侧前方跨步的同时将球引至身体右侧呈右手单手持球,出球前的一刹那,持球手的拇指在上,手心向前,手腕后屈。传球时,前臂向前作弧线摆动,手腕前屈,食指、中指、无名指拨球将球传出。

(五) 接球技术的动作方法

接球是篮球运动中获球的动作,是抢篮板球和断球的基础。在激烈对抗的比赛中，能否采用正确的动作牢稳地接球，对减少传球失误，弥补传球不足以及截获对方的传球等都是非常重要的。

双手接球时，学生两眼注视来球，两臂迎球伸出，双手手指自然张开，两拇指成八字形，其他手指向前上方伸出，两手成一个半圆形。当手指触球时，双手将球握住，两臂顺势屈肘后引缓冲来球的力量，两手持球于胸腹之间，呈基本站立姿势。

单手接球范围大，能接不同部位和方向的来球，有利于学生接球后的快速行动。原地单手接球时，接球手向来球方向伸出，五指自然分开，掌心正对来球，手腕、手指放松。当手指触球时，顺球的来势迅速收臂，置球于身体前方或体侧，另一手迅速扶球，保持身体平衡，做好下一个进攻动作的准备姿势。在移动中接球时，要判断来球的时间和落点，及时向来球方向跨步移动，接球后要迅速降低重心，衔接下一个进攻动作。

二、传接球技术教学与练习

（一）传接球技术教学与练习建议

双手胸前传接球、双手头上传球、单手肩上传球、单手体侧传球是最基本的传球技能，也是高职院校篮球教学训练的重点。

传接球练习，应先从原地练习开始，学生掌握了正确的传接球动作后，与脚步动作配合，进行移动传接球练习，然后再将传接球与运球、突破、投篮等技术结合进行练习。在有防守情况下的传接球练习，可以提高学生传接球技术的运用能力、应变能力，以达到实战需要的目的。

传接球技术教学应与熟悉球性的练习相结合，增强手对球的感应能力和控制、支配球的能力。

（二）熟悉球性的练习方法

1. 双手交替点拨球

用指跟以上部位触球，双手交替点拨球（手指弹拨、手腕转翻），练习时节奏可由慢至快，并不停地改变球和两臂的高度（上至头，下至脚)反复练习。

2. 抛接球

双手或单手将球垂直抛起,然后接下落至合适高度的球。熟练后可以练习接身后球、反弹球等。

3. 绕环

使球经头部、腰部、膝关节、踝关节绕环练习,或依次经过以上身体部位练习。

4. 单手体侧抛接球

右手将球经体后抛至左侧肩膀外侧上方,左手迎上接球后,左手将球经体后抛至右侧肩膀外侧上方,双手交替进行练习。

5. 行进间胯下交接球

微屈身体前行,向前迈出右腿的同时,左手持球在两腿中间将球交与右手,左脚继续向前迈进,右手持球经右腿外侧在两腿间将球交与左手,依次前进做胯下"8"字交叉接球。

6. 跑跳步胯下交接球

跑跳步高抬腿或正踢腿,双手在胯下做"8"字交接球。

(三)传接球技术易犯错误与纠正方法

1. 易犯错误

(1)双手胸前传接球时,全手掌触球,手心没有空出,两拇指距离过大或过小,持球动作不正确。

(2)双手胸前传接球时两肘外展过大,两臂用力不一,形成挤球,出手后两手上下交叉。

(3)单手肩上传球时,没有摆臂、拨指、抖腕动作。

(4)双手胸前接球时,两手指朝前,两手没有形成半圆;伸臂迎球时臂、腕、指紧张,迎球动作不及时。

(5)接地滚球时伸腿跨步不及时,重心过高。

2. 纠正方法

(1)两人一组,面对站立,一人握球,一人做双手胸前传接球时的正确模仿练习。

（2）两人一组，一人对墙传球，另一人纠正动作。

（3）重复讲解双手接球的动作要点。

（4）多做自抛自接球练习，养成张手、伸臂、迎球和及时屈肘引臂的习惯。

（四）传球技术的动作结构

传球的技术方法很多，从传球的技术动作发生过程来说，一个完整的传球技术过程应该包括持球方法、传球手法、球的飞行路线和球的落点四个环节。

1.持球方法

持球方法是技术基础，正确的持球动作，有利于对球的保护与控制，有利于快速、准确、及时地完成技术动作。持球方法是指手持握球的方法，分双手持球和单手持球两种。

（1）双手持球

学生两手手指自然分开，拇指相对成八字形，用指根以上部位持球的两侧后下方，掌心空出，两臂屈肘，自然下垂，置球于胸腹之间。

（2）单手持球

学生手指自然分开，用手掌外沿和指根以上部位托球，掌心空出。

2.传球手法

传球手法决定了球的飞行路线、速度和球的落点。通常短距离传球主要靠手指、手腕和手臂发力将球传出，远距离传球时则要通过下肢蹬地、跨步、腰腹综合用力及上、下肢协调配合而产生的合力，最后通过手臂手腕和手指拨球的力量将球传出。

3.球的飞行路线

由于传球时手指、手腕用力的大小、快慢作用于球的部位不同，所以，传出球的飞行路线有直线、弧线、折线。由于攻守队员站的位置、距离和移动的速度及意图等情况不同，所以选择的传球路线和飞行的速度也有所不同。总之，要随机应变，准确地掌握传球时机，正确合理地选择传球方法和球的飞行路线，使同伴顺利地接到球进行攻击。

4. 球的落点

球的落点是指传出的球与接球同伴相遇的方位。传球时要根据接球队员的位置、移动速度和意图及防守队员的站位情况考虑传球力量的大小、距离的远近、速度的快慢、弧线的大小，准确地控制好球的方向和落点。传出的球要使防守队员触及不到，同时有利于接球同伴接球后能顺利地衔接下一个动作。

传球技术是一个多环节的连贯性动作。传球技术的完成，不仅是手的作用，而且是全身协调用力的结果，特别是随着传球距离的增大，传球时，脚的蹬地、重心的控制、脚步的跟进、出球的最后手腕和手指的动作都会对传球效果产生影响。

第三节 高职院校篮球运动运球技术教学训练

一、运球技术的动作方法

运球是指在高职院校篮球运动中，持球队员在原地或移动中，用单手连续拍击球，并借助地面反弹起来的球继续在原地或移动中拍球推进的一类动作技术的方法。

运球是高职院校篮球运动中重要的进攻技术，是队员在比赛中携带球移动的唯一方法，它不仅是个人摆脱防守，创造传球、突破、投篮得分的重要进攻手段，也是进攻队员发动快攻、组织全队战术配合的纽带。运球技术的熟练程度，在一定程度上反映了队员控制球和支配球的能力，而且这种能力的提高，有助于其他基本技术的掌握和提高。

随着现代篮球技术的不断发展，运球的技巧有了很大的提高。其特点是身体重心低，侧身掩护球隐蔽性大，手臂控球范围大，手腕、手指翻转时球停留手中的时间较长，运球方式变化多，运球技术更具有保护性、突发性和攻击性。

运球按动作位置变化可以分为原地运球和行进间运球两大类；按运球的方法可以分为原地高、低运球，体前变向换手运球，运球转身，背后运球，运球急停急起等。

（一）原地高、低运球

高运球是进攻队员在没有防守干扰的情况下，为了加快向前场推进的速度和在进攻中调整进攻速度及进攻队员攻击位置时常采用的一种运球方法。其特点是按拍球的力量大，反弹高度高，便于控制，行进速度快。

运球时两腿微屈，上体稍前倾，目平视，以肘关节为轴，前臂自然伸屈，用手腕、手指柔和而有力地按拍球的后上方。球的落点控制在运球手臂同侧脚的外侧前方，球的反弹高度在胸腹之间。加速移动运球时，将球推向前方，然后跟上连续拍击球，前进的速度越快，球的落点距身体越远，人给球的推力越大，球的反弹高度也越高。

进攻队员在受到对手紧逼或抢阻时，常采用低运球以保护球或摆脱防守。低运球时，两腿应迅速弯曲，重心下降，上体前倾，球的落点在远离防守对手的一侧，用上体和腿保护球。同时，用手腕和手指短促地按拍球的后上方，使球控制在膝关节的高度。行进间低运球拍球的部位在球的后上方或后侧方，两腿用力后蹬，继续快速前进。

（二）体前变向换手运球

体前变向换手运球是指当对手堵截运球前进路线时，突然向左或向右改变运球方向，借此摆脱防守的一种运球方法。

体前变向换手运球时，运球队员和防守队员之间应该有足够的空间。以右手运球，从对手的右侧突破为例，先向对手的左侧做变向运球的假动作，当对手向左侧移动堵截时，运球队员突然按拍球的右后上方，使球经自己的体前右侧反弹至左侧前方，同时，右脚向左前方跨出，上体向左转，侧肩挡住对手，同时换左手按拍球的后上方，左脚跨出并用力蹬地加速，从对手的右侧突破。

体前变向换手运球的技术重点是变向时重心降低，转体探肩，蹬跨突然，换手变向后加速要快。

（三）运球转身

当对手逼近，不能用直线运球或体前变向突破时，可用运球转身摆脱防守。以右手运球转身为例说明该动作的技术要领，变向时，用左脚在前为轴，左后转身的同时，右手将球拉至身体的后侧方，并按拍球落在身体的外侧方，然后换左手运球，加速前进。最后一次运球要用力，转身迅速，重心不要起伏，按拍球的部位正确，转、蹬、转拍协调连贯。

运球转身时，运球者的身体处于球与防守者之间，便于在运球的过程中对球的保护，但在转身的同时，防守者和同伴均不在视野之内。

（四）背后运球

当对手堵截运球一侧，距离较近，不便运用体前变向运球时，运球队员可采用背后运球，改变方向突破防守。

右手运球从背后换左手时，右脚前跨，右手将球拉到右侧身后，迅速转腕按拍球的右后方，使球从背后反弹至左侧前方，左脚同时向左前方跨步，换左手运球加速前进。按拍球的部位正确，变向迅速，跨步及时，重心迅速跟上是背后运球的关键。

背后运球时，身体在球与防守者之间，这样更有利于对球的保护，与体前变向运球和运球转身相比，背后运球有自己独特的优点：比体前变向运球能更好地保护球，与运球转身相比，优势在于背后运球时，眼睛还能观察场上的情况。同时，背后运球改变方向的速度明显优于运球转身。

二、运球技术教学与练习

（一）运球技术教学与练习建议

第一，运球的教学顺序：原地运球，行进间直线高、低运球，体前变向运球，背后运球，运球转身。

第二，运球技术是一种本体感觉技能，手对球的控制能力是关键。运球技术教学要以大量的熟悉球、控制球的练习为基础，二者相结合进行。

第三，按拍球的部位与球的落点、手脚的协调配合、手对球的控制能力是运球技术的关键环节。教学中教师要强调正确的身体姿态与手法，强调学生运球时手脚的协调配合。

第四，强化非优势手的运球能力，使学生左右手都能熟练地掌握基本的运球技术。

第五，在学生掌握运球基本技术的基础上，教师将运球与假动作、多种运球技术组合进行教学。在教学训练中要根据篮球运动的本质规律，提高学生运用运球技术的应变能力。

第六，按照比赛实际需要，将运球和突破、投篮等动作结合起来练习，提高运球的应变能力和战术意识。在积极对抗的情况下，提高在对手堵截、抢断、干扰情况下的运球能力。

（二）运球技术练习方法

1. 熟悉球性练习

（1）原地拍起静止不动的球

原地半蹲，将球放地上使之静止不动，然后用指腕的力量不断地拍球，利用球的反弹作用将球拍起，随后再将球拍至静止，反复练习。

（2）固定手臂运球

屈膝半蹲，将运球手的肘关节放在膝上固定不动，利用腕指力量左右手交替低运球。

（3）直臂对墙运球

距离墙壁一臂距离，单手托球于头前上方，利用指腕力量对墙进行运球练习。速度由慢到快，两手交替练习。

（4）坐姿运球

坐在地上，两脚向斜前方分开，沿腿的内外侧进行运球练习。

（5）单臂支撑旋转运球

单臂支撑成侧卧撑，以支撑手为轴，另一手运球旋转移动，然后换手支撑反复练习。

（6）双手交替高低运球练习

双手同时（或交替）体侧高低运球。

2. 原地运球练习

（1）原地单手交替高、低运球

基本姿势站立，练习原地左（右）手高（低）运球。

(2) 原地体前左右手变向运球

基本姿势开始，原地体前变向换手运球。

(3) 原地体侧前后推拉运球

两脚前后开立成半弓步，运球手按拍球的后上方使球向前弹出，运球手迅速随球前移至球的前上方，回拉球的前上方使球弹回。熟悉后可变化动作幅度与速度，强化练习。

(4) 原地胯下左、右运球

两脚前后开立成半弓步，右手运球使球从（前脚）胯下向左反弹，左手迎引球后，再使球从胯下向右反弹，动作熟练后，可以变换练习的幅度与速率。

(5) 原地胯下"8"字运球

平行开立，屈膝半蹲，两手前后交替在胯下"8"字运球。

(6) 原地背后换手变向运球

两脚左右开立，约与肩宽，背后交替换手变向运球。

3. 行进间运球练习

(1) 全场直线运球

学生分三组，在篮球场内往返做直线高、低运球练习。

(2) 弧线运球

沿罚球圈、中圈做弧形运球到对面的底线，再沿边线直线运球返回，要求始终用外侧手运球。

(3) 运球急停急起

学生每人一球，根据教师的信号练习急停急起或变速运球。

(4) 折线运球

全场做折线变向运球练习。

4. 运球对抗练习

(1) 全场一攻一守练习

两人一组一球，互为攻守，两组同时进行全场一攻一守练习，然后分别站到对组的排尾，依次轮流练习。开始时只准移动堵位，不准抢、打球，待练习后逐步过渡到比赛的状态下进行。

(2) 全场二防一练习

一人运球进攻，两人防守，进行全场攻守练习。开始时只准堵位，然后逐渐由消极防守到积极防守，进行围堵、拼抢，以提高学生的运球能力。

(3) 非优势手攻防练习

半场二对二或三对三攻守练习。

(三) 运球技术易犯错误与纠正方法

1. 易犯错误

(1) 运球时低头，不能观察场上情况。

(2) 运球时掌心触球或单靠手指拨球。

(3) 手、脚、身体配合不协调。

(4) 运球时用手打球，不是用手腕、手指按拍运球，球在手上停留的时间过长。

2. 纠正方法

(1) 看教师手势运球，反复模仿正确技术。

(2) 进行熟悉球性的运球练习。

(3) 听信号练习各种运球动作。

(4) 设置障碍架进行变向运球练习。

第四节　高职院校篮球运动投篮技术教学训练

一、投篮技术的动作方法

投篮是进攻学生将球投入对方球篮而采用的各种专门动作方法的总称。投篮是篮球比赛中得分的唯一手段，是一切技术、战术运用的最终目的和全部攻守矛盾的焦点，是整个篮球技术体系的核心。加强投篮技术的教学和训练，正确掌握并熟练运用投篮技术，不断提高投篮命中率，对于学生学习篮球运动技术技能具有十分重要的作用。

随着高职院校篮球运动的发展，以及学生形态、机能素质的提高，投篮技术也在不断发展，投篮难度增加，投篮技术复杂多变，投篮速度快，出手点高，远距离三分球投篮的次数增多且命中率提高。

（一）原地单手肩上投篮

原地单手肩上投篮是其他各种投篮方法的基础，具有出手点高、便于结合其他技术动作和不易被防守的特点，是应用较广泛的投篮方法。

以右手投篮为例，学生右脚在前，左脚稍后，两膝微屈，重心落在两前脚掌（内侧）。右手五指自然分开，翻腕持球的后部稍下部位，左手扶在球的侧上方，举球于投篮手同侧肩的前上方，目视球筐，大臂与肩关节平行，大、小臂约呈90°，肘关节内收。投篮时，下肢蹬地发力，身体随之向前上方伸展，同时抬肘向投篮方向伸臂，用手腕前屈和手指拨球的动作，将球柔和地从食指、中指端投出。球离手时，手臂要随球自然跟送，脚跟提起。在完成整个动作的过程中，上、下肢协调用力，抬肘伸臂充分，用手腕前屈和手指柔和地拨球将球投出，出手时，球经食指、中指用力拨出，大拇指、小拇指控制方向。

（二）原地跳起单手肩上投篮

原地跳起单手肩上投篮是在原地单手肩上投篮基础上的一种投篮方式，也是高职院校篮球运动普遍运用的主要投篮方式之一，动作方法与原地单手肩上投篮相同，只是跳起在空中完成投篮动作。

以右手投篮为例，学生两手持球于胸前，两脚左右或前后开立。两膝微屈，重心落在两脚之间。起跳时，迅速屈膝，脚掌用力蹬地向上起跳，同时双手举球到右肩上方，右手持球，左手扶球的左侧方，当身体接近最高点时，左手离球，右臂向前上方伸展，手腕前屈，食、中指拨球，通过指端将球投出，落地时屈膝缓冲。整个动作要求起跳垂直向上，起跳与举球、出手动作应协调一致，在接近最高点时出手。

（三）行进间单手肩上低手投篮

行进间单手肩上低手投篮是学生在快速跑动中超越对手后在篮下时

最常用的一种快速投篮方法，具有伸展距离远、动作速度快、出手平稳的优点，多在快攻和强行突破时使用。

以右手投篮为例，学生右脚跨出一大步的同时接球，接着左脚跨一小步并用力蹬地起跳，右腿屈膝上抬，身体重心前移，双手向前上方举球。当身体接近最高点时，左手离球，右手外旋，掌心向上托球，并充分向球篮上方伸展，接着屈腕，食指、中指用力拨球，通过指端将球投出。腾空时身体向前上方充分伸展，投篮出手前保持单手低手托球的稳定性，指腕上挑动作要协调。

二、投篮技术教学与练习

（一）投篮技术教学步骤

1. 建立投篮技术动作表象，形成投篮技术动力定型

（1）建立正确的投篮技术动作表象

教师利用示范动作、图片、电影、录像等直观教具，演示投篮技术动作，使学生了解投篮技术动作表象。对投篮的最后出手手法和全身的协调用力教师要做重点示范。教师要运用语言法向学生讲解学习投篮技术的目的性、重要性，使学生对各种投篮的动作特点、运用时机、动作结构及其关键环节有清楚地了解，并指导其进行正确的投篮技术学习。在讲解与示范的基础上，让学生试做徒手或持球的投篮技术动作，使其获得投篮技术的运动感觉。

（2）掌握投篮技术动作，形成正确的投篮技术动力定型

在初学阶段，可采用重复练习法，在简化条件下练习，以便形成正确的技术动力定型。例如，学习原地单手肩上投篮，抓住动作的主要环节，集中练习伸前臂、屈手腕、手指用力拨球动作，暂时可以对准备姿势、全身协调用力等动作细节不作要求，通过反复练习，使学生掌握正确的单手投篮手法，在这个基础上再对原地单手肩上投篮动作的各个环节提出要求，进行完整练习。然后采用变换练习法，在练习中通过变换完成技术动作的条件和练习的组织形式，如变换投篮的距离和练习形

式,从而达到巩固、改进和完善投篮技术动作的目的。

(3) 循序渐进地练习投篮技术

投篮技术教学应先让学生学习原地单手肩上投篮,然后依次为行进间单手低手投篮、原地跳起单手肩上投篮,最后是投篮与其他技术的组合。

2. 掌握投篮技术与其他进攻动作技术的组合并学会运用

(1) 掌握投篮技术动作和其他进攻技术动作的衔接

在学生掌握单个投篮技术之后,应根据篮球运动的本质规律,合理地将移动、传接球、运球等与投篮技术组合起来进行强化练习。

(2) 提高完成组合技术的质量

在学生能衔接连贯地完成组合技术动作的基础上,进一步掌握组合技术的节奏、速度与动作的准确性。例如,练习行进间运球投篮的组合技术,要求行进间运球的速度稍快一些,跨步跳起接球的动作慢一些,上步起跳的步幅稍小一些,蹬地要有力,其目的是使学生向前的水平速度变为向上的垂直速度而腾空,以便在空中完成投篮动作。

(3) 掌握假动作,提高运用投篮技术的应变能力

按照比赛实际,将投篮与各种脚步动作以及传球、运球、突破、假动作等结合起来练习,以提高学生投篮的应变能力和战术意识。

3. 在攻守对抗的情况下,提高运用投篮技术的能力及投篮命中率

(1) 在有限定的防守条件下,指导学生进行投篮练习。

(2) 在消极对抗的情况下,提高学生选择运用投篮时机及运用技术的能力。

(3) 在积极对抗的情况下,提高学生在对手封盖堵截、干扰情况下的投篮技术和命中率。要提高学生在实际情况下运用投篮技术的能力,教师在教学中就要安排在对抗情况下的投篮练习,提高学生在有防守的情况下运用技术的能力。

(4) 进行配合投篮的练习,培养学生的配合意识。在进行配合投篮练习时,应对配合技术的一系列问题提出明确的要求。例如,移动接球

的时机与传球的配合相吻合,要求移动到位、传球到点,做到人到球到。接球的同时要调整好投篮的脚步,做好投篮准备,以便缩短投篮时间,加快投篮动作。进行投抢练习,强调每投必抢,强化学生投篮后冲抢篮板球的意识。

(二)投篮技术练习方法

1.投篮技术动作的学练方法

(1)原地单手肩上投篮

①徒手模仿练习。徒手做原地单手肩上投篮模仿练习,要求全身协调用力,注意压腕、拨指动作。

②持球模仿练习。每人一球,自投自接,或对着墙上的标记投篮。

③二人一球对投。两人一组,做原地单手肩上投篮练习。

④近距离投篮。距球筐2米~3米处排成单行,自投自抢,依次反复练习。注意持球手法,体会压腕、拨指的动作。

⑤五点晋级投篮。距球筐3米~4米在0°、45°、罚球线设立五个点,投中者晋级,看谁首先完成所有点的投篮。

⑥罚球比赛。规定罚球次数,命中率高者胜出。

(2)原地跳起单手肩上投篮

①模仿练习。在教师的指导下,学生做起跳、举球(不出手)模仿练习。学生持球成原地跳起单手肩上投篮的准备姿势,听教师"预备——跳"的口令后做起跳、举球、腾空、投篮、落地的模仿练习。

每人一球跳起投篮练习时,练习方法同上,要求学生持球下蹲、举球挥摆和起跳连贯协调,跳起后控制好身体重心和平衡,在最高点投篮出手。

两人一球时,相向而立,相距3米~4米,做跳起投篮的模仿练习。

②在距离球筐3米左右的位置上,做轻跳投篮。

③在罚球线排成一路纵队,一人一球,依次进行练习。

(3)行进间单手低手投篮

①徒手模仿练习。根据教师口令做"1—上右脚拿球;2—上左脚起

跳；(右手)举球上挑"的练习。

②持球模仿练习。两人一球，慢跑中拿同伴手中固定球做行进间单手肩上低手投篮模仿练习。一人一球，自抛自接，做行进间单手肩上低手投篮模仿练习。一人一球，拿球慢跑中自抛自接，做行进间单手肩上低手投篮模仿练习。

2.投篮技术的训练方法

(1) 接地板反弹球投篮

罚球线附近站位，自抛自接地板反弹球，上步起跳投篮。

(2) 运球急停跳投

直线运球，分别做跳步、跨步急停跳投。

(三) 投篮技术易犯错误与纠正方法

1.原地单手肩上投篮常见错误与纠正办法

(1) 常见错误

①持球手法不正确，持球手不能合理握持球。

②肘关节外展，致使上肢关节运动方向不一致。

(2) 纠正办法

①教师讲解和示范投篮技术的基本环节，使学生掌握投篮技术的基本结构，建立正确的技术概念。

②限制外部条件，可以使学生投篮手臂靠墙做徒手投篮模仿练习。

2.原地跳起单手肩上投篮常见错误及纠正办法

(1) 常见错误

①起跳后身体重心不稳。

②空中"后坐"或挺腹。

③起跳、举球时间不一致，协调不好。

④出手晚，下降时出手。

(2) 纠正方法

①做持球下蹲、举球挥摆和起跳练习，要求连贯协调，跳起后控制好身体重心和平衡。在学生做练习时，教师用手扶助其腰部两侧，使其

体会在空中的平衡感觉。

②近距离轻跳投篮,要求学生将注意力集中在接近最高点出手上。

第五节　高职院校篮球运动持球突破技术教学训练

一、持球突破技术的动作方法

持球突破是持球学生运用脚步动作和运球技术,快速超越对手的一项攻击性很强的技术。持球突破技术在进攻中是一种有很强攻击力的技术,往往能在瞬间摆脱对方和超越对方防守,直接接近篮筐进行攻击。持球突破可以打乱对方的防守部署,为本方创造更多、更好的攻击机会。突破如果能巧妙地与投篮、传球、假动作等技术动作有机结合起来运用,将使突破技术更加灵活多变,从而显示出突破技术的攻击性。同时,持球突破技术在进攻中的运用还带有战术的内涵,突破后不仅可以获得直接攻击的机会,而且突破还能给防守的整体结构形成冲击,打乱防守的正常布局,利用防守在调整队形和位置的过程中出现的一些破绽和漏洞,为其他同伴创造攻击机会。

(一)持球突破技术分析

持球突破技术是由蹬跨、转体探肩、推放球和加速几个环节组成。

1. 蹬跨

学生在突破前,两脚左右开立,略宽于肩,屈膝降低身体重心,重心落在两脚之间,两脚踵稍提起。双手持球于胸腹之间,注意保护球。队员突破时,用虚晃或瞄篮等假动作吸引对手,用移动脚前掌内侧蹬地的同时,中枢脚用力碾地,上体前倾并转体,重心前移,以带动移动脚迅速向突破方向跨出。跨出的第一步要稍大,以缩小后蹬腿与地面所成的角度,增加后蹬力量,争取第一步就接近甚至超越对手。第一步落地后,膝关节要保持弯曲,脚尖指向突破方向,以便第二步的蹬地加速。

2. 转体探肩

在蹬地跨步、上体前移的同时，要转体探肩，使身体重心继续前移，加快突破速度，同时占据空间有利位置和保护球。

3. 推放球

在蹬跨、转体探肩的同时，将球由体前推引至远离防守队员一侧，并在中枢脚离地前推放球离手，球落于跨出脚前的外侧，用远离对手一侧的手运球，使球反弹高度在腰膝之间。

4. 加速

在完成上述动作后，已获得起动的初速度，这时中枢脚要积极、有力地蹬地，加速超越对手。

以上几个环节几乎是在同一时间完成的，它们之间衔接紧密、相互影响。学生只有熟练地掌握这几个环节，动作连贯、一气呵成、快速，才能达到突破的目的。

（二）持球突破的动作方法

持球突破依据动作结构可分为交叉步持球突破和顺步持球突破。

1. 交叉步持球突破

交叉步持球突破又叫异侧步持球突破，是指突破时跨步脚从中枢脚的前面交叉迈过，向中枢脚一侧的突破方向跨出，并从这一侧突破防守的一种突破技术。持球交叉步突破的优点在于可以有效地在突破中保护球，在突破方向的选择上比较灵活，同时在快速超越防守上也比较有利。

以右脚作中枢脚为例说明交叉步持球突破的动作方法。突破时，学生左脚向前方跨出半步，做向左突破的假动作，当对手重心向右移动时，左脚前脚掌内侧迅速蹬地，向对手左侧跨出一大步，同时上体右转探肩，贴近对手；球移至右手，向左脚右斜前方推放球，右脚迅速蹬地跨步，加速超越对手。以左脚为中枢脚向右侧突破时，动作相同，方向相反。

2. 顺步持球突破

顺步持球突破又叫同侧步持球突破，是指突破时跨步脚和推放球过程中的运球手在同一侧的突破技术，同侧步突破结构相对简单，突破速度更快。

突破时（以左脚作中枢脚为例），左脚内侧蹬地，右脚迅速向对手左侧方跨出一大步，同时向右侧转体探肩，重心前移，球移至右手并推放球于右脚斜前方，左脚迅速跨步抢位，加速超越对手。

二、持球突破技术教学与训练

（一）持球突破技术教学步骤

在持球突破教学中，教师首先要讲清楚动作结构的特点以及在竞赛中的作用，强调各技术环节间的相互联系及竞赛规则对持球移动的限制。在持球突破技术教学中，教师应先教交叉步突破，再教同侧步突破；在掌握持球突破技术的基础上，要把突破技术与其他技术进行组合训练，提高学生突破与投篮、突破与传球结合运用的能力。

在持球突破技术的具体教学中，教师应首先通过形象的讲解、正确的示范动作指导学生实践，使学生建立正确的动作概念，应强调掌握动作的主要环节，以取得重点突破的效果。随着学习的深入，大脑皮层中分化抑制逐步发展，学生大脑皮层运动区的兴奋、抑制过程在时空上的分化都日趋完善、精确，运动技能也逐渐准确、熟练，学生基本上学会了动作，前后动作连贯准确，初步形成运动动力定型。这时，教师应该强调对持球突破动作细节的要求，加强对持球突破动作的分析和思考，并纠正整套动作中不合理和不正确的部分，以促进其分化抑制进一步发展。通过反复练习，学生运动动力定型趋向巩固，皮层运动区兴奋与抑制过程不论在空间和时间上都更集中，动作更精确、协调、省力，动作细节也正确无误，初步形成了自动化，植物性神经功能与躯体性神经功能的协调配合已成为整个运动技能的组成部分。而在这一阶段中，教师应要求学生对动作技术理论和力学原理进行探讨，以加深其对动作内在联系的认识，防止其运动动力定型消退，并配合运动实践最终促进学生的持球突破动作达到自动化程度。教师需在教学中培养学生勇猛顽强、敢打敢拼的精神，加强突破意识和运用能力的培养。

(二) 持球突破技术练习方法

1. 脚步动作练习

(1) 听教师口令做同侧步、交叉步跨步练习

"三威胁"姿势开始，(口令) 1 跨步—(口令) 2 还原，先做同侧步，然后做交叉步。

(2) 跨步、推放球练习

"三威胁"姿势开始，(口令) 1 跨步—(口令) 2 运一次球后成基本姿势。先做同侧步，然后做交叉步。

(3) 跨步、推放球、第二次加速练习

"三威胁"姿势开始，(口令) 1 跨步—(口令) 2 推放球，(第二次) 加速运球突破，先做同侧步，然后做交叉步，重复练习。

(4) 行进间自抛自接，做持球突破模仿练习

自抛自接地板反弹球后，做各种持球突破的模仿练习。

2. 持球突破 (后) 上篮练习

(1) 接回传球顺步突破。

(2) 接回传球交叉步突破。

(3) 接回传球一步急停瞄篮 (假动作) 顺步突破。

(4) 接回传球两步急停顺步突破 (假动作) 接交叉步突破。

3. 突破和移动技术结合的练习

(1) 向两侧移动接球急停突破练习

练习中向两侧移动后接球要稳，控制好身体重心平衡；两脚都能做中轴脚，向两个方向突破；接球时要以单手"领"接球。

(2) 向后移动接球突破练习

下压变上提速度要快，接球后注意维持身体平衡。

(3) "鱼钩"移动接球突破练习。

折线移动接球后，要及时转身面向球篮。

4. 突破和急停跳投技术结合的练习

（1）向两侧交叉步或同侧步突破接急停跳投

在罚球线上接教师回传球，做向两侧交叉步或同侧步突破运一次球急停跳投；向两侧运球和急停跳投衔接协调、连贯。

（2）向后运球急停跳投

队员在罚球线接教师的回传球以后，持球突破，当球反弹后做向后拉球动作，同时双脚向后移动急停跳投。

5. 防守情况下的突破练习

（1）半场一攻一

进攻队员从摆脱防守接球，根据防守者的情况实施突破；防守成功，进攻方留下防守，防守方至队尾，全队依次练习。

（2）半场二对二或半场三对三

进攻队员不能掩护，只能突破和突破分球，防守要求人盯人，规定突破上篮、突破急停跳投和突破分球给同伴投篮得3分，防守方抢到篮板球拉出三分线才能进攻；先得到规定分数者为胜方。

（三）持球突破技术易犯错误与纠正方法

1. 易犯错误

（1）突破时侧身、探肩不够，身体重心高，后蹬无力，没有第二次加速。

（2）运球突破时球的落点靠后，没有放在跨出脚的侧前方。

（3）中枢脚离地面过早或中枢脚没有以前脚掌作轴，突破瞬间造成走步违例。

2. 纠正方法

（1）教师通过示范讲解使学生建立正确的动作概念，剖析错误动作产生的原因，借助障碍架（或由他人用两手平举站立代替）进行练习，并提醒学生转身探肩和降低重心，强调加快蹬地力量。

（2）多做徒手模仿练习，体会正确的技术动作，在地板上标志推放球的位置，进行练习。

(3) 通过技术分析，建立中枢脚的概念，在练习中提醒学生适时推放球。

第六节　高职院校篮球运动抢篮板球技术教学训练

一、抢篮板球技术的动作方法

(一) 抢篮板球

在高职院校篮球比赛中，双方队员争抢投篮未中的球叫作抢篮板球。进攻队员投篮未中，本人或者本队队员争抢篮板球，叫作抢进攻篮板球或抢前场篮板球。对方投篮未中，防守队员争抢篮板球，叫作抢防守篮板球或抢后场篮板球。

(二) 抢篮板球技术分析

抢篮板球技术是一项很复杂的技术，无论是前场还是后场篮板球，都必须建立在正确的判断和积极快速的起动基础上。其技术一般由抢占位置、起跳动作、空中抢球动作、获球后动作四个环节组成。

1. 抢占位置

无论是抢后场篮板球还是前场篮板球，都应该力争抢占对手与篮筐之间的有利位置，将对手挡在身后。抢占位置时要根据对手和投篮队员所处的位置，正确判断投篮未中的反弹方向，用最快的脚步动作抢占有利位置。

抢防守篮板球的关键是挡人，即"挡抢"。可利用前、后转身的方法，将对手挡在身后，堵住进攻队员向篮下冲抢的路线，同时双臂屈肘张开，增加挡人的面积，防止对手挤进来。

抢进攻篮板球的关键在冲，即"冲抢"。由于进攻人身处外线，所以在投篮出手后，球在空中飞行时，就要判断球可能反弹的方向，有利于突然起动，插向防守人身前，或利用虚晃等假动作绕过防守人抢球，也可用后转身挤到防守人身体一侧，抢占有利位置。

2. 起跳动作

起跳动作是抢到有利位置后的一个延续动作，起跳不仅要求有很高的腾空高度，而且还要根据球的反弹方向、高度和球的落点，采取不同的起跳姿势和用力方向，使起跳后在空中的抢球手接触到球。

进攻队员"冲抢"一般采取助跑起跳或者一步或两步双脚起跳，起跳时双脚或单脚用力蹬地的同时，两臂用力上摆，上、下肢协调用力，尽力跳至最高点去拼抢篮板球。在与对手平行站位或处于不利位置时，两臂微张，举至肩上，扩大空间控制面积，迫使对方的手臂难以举过头，阻挠对手起跳和进行空中动作。

防守队员"挡抢"则惯用原地上步、撤步或者跨步的双脚起跳方法。队员在起跳前，要占据有利位置，将对手挡在身后，双膝屈至135°左右，双脚开立扩大占位面积，眼睛注视球，进一步判断球反弹的方向、高度和落点。如果起跳前和对方已有身体接触，接触的部位要主动用力以利于起跳和维持身体平衡。

3. 空中抢球动作

队员在抢球时，不管是双手还是单手，必须依靠手臂、手腕的力量牢牢控制住球，同时控制身体在空中的平衡。这就要求队员有良好的身体素质和顽强拼搏的意志。

根据比赛时队员在场上的位置、球反弹的方向、高度及个人的习惯和特点，一般分为双手、单手、点拨球三种抢球动作。双手抢篮板球的优点是空间占据面积大；缺点是高度不够，控球的范围小。单手抢篮板球的优点是触球点高，抢球范围大；缺点是控制球不是很牢固。点拨球的优点是缩短传球时间；缺点是比较难把握和同伴的配合。

在起跳抢球过程中，拼抢异常激烈，抢到球后必须将球牢牢控制，否则极易得而复失。因此起跳腾空后要用肩、背挡住对方，手臂和身体充分伸直，用双手（或单手）抢球。在指尖触球后腰腹用力，屈指屈腕，回收手臂，拉球于胸前。单手捡球时，另一只手要及时护住球。

4. 获球后动作

控制住篮板球后一般是双脚同时落地、屈膝、降重心、上体前倾，保持身体平衡。要利用转体、跨步，不断移动球的位置，避开对方抢、打、掏，或将球放在远离对手一侧，保护好球。

在比赛中抢到前场篮板球时，如果得到球后立即衔接二次进攻，有机会在空中直接补篮得分或者传球给在有利位置的同伴继续进攻，提高进攻速度。如果没有机会做补篮或传球，落地时应两膝弯曲，两肘外展，护球于胸前。身材高大的队员可将球放在头上，便于保护球以及迅速与其他进攻队员合作。

在比赛中抢到后场篮板球时，最好在落地前把球传给自己的队友，以便及时组织快攻反击。若空中没有机会传球，落地后应保护好球并及时传给后卫组织进攻，或自己运球摆脱对方的防守。

二、抢篮板球技术教学与训练

（一）抢篮板球教学与训练建议

第一，应使学生明确抢篮板球在比赛中的重要性，在教学训练中培养他们积极拼抢的意识和勇猛顽强的作风以及"每投必抢"的习惯。

第二，在教学的初期，教师可采用分解教学法进行教学训练，先练习原地起跳、抢球，再练习移动抢位、挡人、起跳抢篮板球的完整技术，并逐渐加大难度，最后在对抗的条件下练习，或在比赛中进行抢篮板球练习。

第三，抢进攻篮板球应强化"冲抢"意识，抢防守篮板球应强化"挡抢"意识，注意加强攻守篮板球的对抗性训练。

第四，抢进攻篮板球与补篮、投篮技术结合训练，防守篮板球与快攻一传、突破、接应技术结合训练。

第五，将抢篮板球技术与攻守战术设计相融合，强化篮板球与攻防战术的结合训练。

第六，在篮板球技术教学训练中要加强学生的身体素质训练。

（二）抢篮板球技术练习方法

1. 起跳和空中抢球练习

此练习强调抢篮板球的起跳准备姿势、起跳、空中抢球及落地的动作要领。要求掌握好起跳时间，在空中保持好身体平衡，身体充分伸展，跳到最高。

2. "挡抢"模仿练习

两人一组，相距1米，学生利用转身设法将对手挡住，并起跳模仿抢篮板球的动作。练习一定次数后，攻守交换。

3. "冲抢"模仿练习

两人一组，相距1米，学生运用假动作设法摆脱防守，抢占有利位置并起跳模仿抢篮板球的动作。练习一定次数后，攻守交换。

4. 二对二抢篮板球练习

学生两攻两守在罚球线延长线附近两两站位，教师将球投向篮筐，学生争抢篮板球，规定防守队员抢到一定数量的篮板球后轮换。

5. 半场二对二、三对三的抢位练习

要求攻方只许传球、投篮，投篮后进攻队员积极摆脱对手，冲抢篮板球。抢到球继续进攻，守方则积极挡人抢防守篮板球，可规定双方各抢到若干次篮板球后，攻守交换。

6. 半场五对五抢篮板球结合发动快攻第一传练习

守方明确接应第一传的队员和地区，当防守队员抢到篮板球后力争在空中转体将球传给接应第一传的队员。如果空中未能将球传出，落地后即刻传球。

（三）抢篮板球技术易犯错误与纠正方法

1. 易犯错误

（1）投篮不中，反弹后落点判断不准确，盲目移动。

（2）抢防守篮板球时，只看球，而忽视了先挡人抢占有利位置。

（3）起跳不及时，失去抢篮板球机会或不在最高点抢球。

2. 纠正方法

（1）讲解示范法，重点讲解篮板球反弹落点的一般规律，多次重复训练投篮不中后，根据对手和投篮队员所处的位置，正确判断篮板球反

弹的方向和距离，运用快速的脚步移动抢占有利位置。

（2）示范挡人的正确方法，提高学生挡人的意识和正确运用挡人的方法，并重复练习"挡抢"防守篮板球的方法。

（3）在强调早起跳，身体在空中充分伸展，达到最高点时抢球的基础上，重复练习起跳在空中最高点抢球的技术动作。

第五章　高职院校篮球战术的教学训练

第一节　进攻战术基础配合

一、进攻战术基础配合概述

21世纪,高职院校篮球运动进入了新的发展阶段,而篮球运动在世界范围内普及、发展、创新、延伸,在世界最高水平的奥运会和世锦赛的篮球比赛中参赛队伍的实力更为接近,攻守转换快,对抗激烈,整体攻防打法受到各队的普遍重视。在攻守对抗这一对矛盾中,矛盾的主要方面是进攻,比赛中只有进攻才能得分,得分的多少决定比赛的胜负。随着队员进攻意识的增强,不断围绕强化进攻创新发展了许多进攻理论和战术配合方法。篮球运动是一项集体运动,无论进攻的理论如何先进,战术配合设计得如何完美,都不能忽视进攻时两三人之间配合的重要性,进攻战术基础配合在整个篮球运动的进攻战术体系中处于重要的基础地位。

(一)进攻战术

进攻战术是指控制球权的进攻队为了突破对方的防守,获得投篮时机以及力争控制前场篮板球而运用的技术方式、配合行动和集体协调的组织形式与方法。进攻战术建立在进攻技术的基础之上,其目的是使全队形成有机联系的整体,充分发挥个人技术特长,以便在攻守对抗中争取主动,投篮得分。以个人进攻为核心,增加两三个人之间的机动配合是现代篮球运动进攻战术发展变化的趋势之一。

（二）进攻战术基础配合的定义

进攻战术基础配合是篮球战术体系的基本组成部分，是指两名或两三名防守队员为组织己方队员的战术行动，创造投篮得分配合时机而采用有目的、有组织的协作行动与应变方法。进攻战术基础配合包括传切、突分、掩护和策应配合。这些基础配合在篮球运动的实践中具有双重价值，它们既可以作为全队进攻战术的基础组成部分，有机组合为整体的进攻战术，又可以作为独立的战术手段应用于进攻之中。进攻战术基础配合是构成全队进攻战术的基础，比赛的一次进攻过程是由若干个不同的基础配合组合而成的，一个配合的结束可能就是另一个配合的开始，它们环环相扣，紧密相连，一个局部进行一个配合的同时在另一个局部可能进行着其他配合，整个战术配合是在动态的过程中进行的。

进攻战术基础配合是学生合理运用进攻技术组成全队进攻战术的桥梁，是全队进攻战术灵活变换组合的集合要素，也是学生进攻意识和进攻能力综合展示的重要渠道。一方面，进攻战术基础配合要求学生及时地观察判断同伴的进攻意图、防守的布局、站位，合理地运用进攻策略与技巧，准确地选择适当的配合形式与方法。其配合的实质可以说是持球队员的有球技术与无球队员的移动技术的运用组合，通过这种组合达到最终的战术要求。另一方面，进攻战术基础配合运用的效果直接反映全队进攻战术的质量，只有在熟练掌握和灵活运用各种进攻基础配合的基础上，才能增加组成全队进攻战术的数量和提高全队进攻战术的质量。应用于全队进攻战术配合中的基础配合，脱离了随机性，其配合的时机、形式和范围被严格地限制在全队整体的战术结构之内，成为全队整体战术配合的组成部分。

高职院校篮球运动的进攻技术和进攻战术已发生了巨大的变化，进攻的机动性增强，进攻范围扩大，立体进攻能力提高。全队进攻战术的运用朝机动、灵活和多变的方向发展，强调在运动中伺机变化，这些变化是通过局部两三个人为主体的机动配合，合理采用基础配合所产生的综合效应，进攻战术基础配合的质量已经成为决定全队进攻战术成效的重要因素。

二、进攻战术基础配合方法

（一）传切配合

传切配合是进攻队员之间利用传球和切入技术所组成的简单配合。它可用于半场阵地进攻，也可以用于全场阵地进攻，常用于利用传球推进快速进入前场的方法，还可以将传切配合作为快攻结束阶段的进攻手段。

传切配合包括一传一切和空切。随着现代篮球运动的发展，配合简捷、突然、攻击性强的吊扣、一传一扣、空切与空中接球直接扣篮配合是比赛中经常使用的配合方法。

传切配合要点包括以下两个方面。

第一，传切配合的要求首先在于传球的质量——传球方法的合理性、时机的把握和传球位置的选择，传球队员要利用瞄篮、突破等假动作吸引牵制对手，当队友切入后要及时、准确地将球传给切入队员。

第二，切入队员要掌握切入时机，果断、快速摆脱对手，选择合理的路线，切入篮下，并注意接同伴的传球。

（二）突分配合

突分配合是持球队员在突破的过程中，遇到防守队员协防或补防，主动或应变地将球传给无人防守或离防守区域较远的进攻队员，为同伴创造投篮机会的一种配合方法。

突分配合在实际应用中可以压缩对方防区，给外线队员提供中投机会，还可以突破后分球给无人防守的队友投篮。在应对盯人和区域联防防守中均具有较好的作用，具有配合简单、突然性攻击力强的特点。

突分配合要点包括以下两个方面。

第一，持球队员要具有良好的个人控球能力、灵活的脚步动作、开阔的视野和配合意识。在突破时，动作要快速、突然；在准备投篮时，注意观察攻守队员位置的变化，及时准确地将球传给进攻位置更好的同伴。

第二,当持球队员突破后,其他进攻队员要摆脱对手,快速移动,合理选位,准备接球进攻或抢篮板球。

(三) 掩护配合

掩护配合是进攻队员利用合理的身体动作,挡住防守者移动的路线,帮助同伴或自己摆脱防守,获得进攻机会的一种配合方法。

掩护配合有多种形式和方法,根据掩护者做掩护时的站位,分为前掩护、侧掩护和后掩护;根据掩护者的移动路线、方法和变化,分为反掩护、双掩护、运球掩护、定位掩护、行进间掩护和连续掩护等;根据掩护的应用范围,分为有球队员为无球队员作掩护、无球队员为有球队员作掩护和无球队员之间作掩护。

掩护配合要点包括以下两个方面。

第一,掩护要符合规定,根据防守者的视野所及的范围,保持适当的距离。掩护动作是两脚开立,两膝微屈,两臂屈肘护于胸前,上体稍前倾,扩大掩护面积,绝不能用抱、拉、顶、撞等动作去阻挡对方的进攻。

第二,在掩护时,要注意同伴之间的配合时机、角度,被掩护的队员要隐蔽行动意图与方向,运用假动作吸引对手。当同伴到达掩护位置时,摆脱对手的动作要突然、快速,并根据情况变化,采取应变措施,争取第二次机会。

(四) 策应配合

策应配合是进攻队员背对或侧对篮板接球后,以其为枢纽,配合同伴的空切或绕切,借以摆脱对方防守,创造进攻机会的配合方法。策应可以在半场或全场配合中使用,在端线限制区两侧的策应称为低策应或内策应;高(外)策应发生在罚球线至圈顶的位置。当对方采用全场防守时,应使用中场策应,有时甚至在对方前场使用策应破坏对方的紧盯防守。

策应配合要点包括以下两个方面。

第一,策应队员应具有良好的抢前站位意识以及在对抗条件下接球与保护球的能力。

第二，策应配合的进攻方式主要有传球给切入的队员，自己投篮或突破，传球给外线队员。在策应过程中，可以利用转身调整策应的方向和位置，帮助同伴摆脱防守，增加策应的变化和威胁。

第三，外线队员在策应队员到达策应位置后，及时传球，然后围绕策应队员向篮下切入，实现内外结合的目的。

三、进攻战术基础配合教学与练习

第一，进攻战术基础配合应在进攻技术教学之后进行，教师应在战术配合的教学中渗透技术教学，进一步完善学生的个人进攻技术。教师可以根据需要，进行必要的战术配合"技术准备"，对于原来在技术教学中没有涉及而在战术配合中又必需具备的个人技术方面的内容进行必要的扩展学习。

第二，遵循战术配合教学的一般规律。教师先通过讲解和示范，使学生清晰了解战术配合的概念、配合路线、战术配合要点与应用时机，分析进攻战术配合的应用条件、地点、时机、技术动作以及队员之间的协同与应变等，让学生建立完整的战术概念。再通过限制防守条件的练习，掌握配合过程中人、球、时间、空间等的协同。在此基础上，进一步学习进攻战术基础配合的变化与应变，最后通过攻守条件下的练习逐步提高配合的质量。

第三，进攻战术基础配合的教学应从传切开始，接着是突破分球，然后是掩护配合，最后是策应配合的教学。传切配合先教纵切，再教横切；突破分球先教分球给外线队员，再教给内线队员传球；掩护配合的教学应先教给有球队员作掩护，后教无球队员之间的掩护和运球掩护；策应配合先教高策应，再教低策应和交叉策应。

第四，教学中要突出各种进攻战术基础配合的重点内容，如纵切与横切、侧掩护、中锋的前场策应。将这些重点内容作为典型范例详细讲解并示范，并围绕这些重点内容设计练习形式，进行教学。

第二节　个人防守技术与防守战术基础配合

一、个人防守技术

个人防守技术是队员在防守时，为了实现总体防守策略与目的所运用的各种专门动作的总称。个人防守技术是篮球队员个体竞技能力的基本部分，是全队防守战术的基础，是多项专门技能的综合。

（一）防守有球对手

在防守理念的演变过程中，"以球为主"贯穿始终。在比赛中，球是双方争夺的焦点，持球对手可以直接或间接地得分，具有较大的威胁。在防守中，一旦自己防守的对象接到球，防守者就要做到"球到手，人到位"，及时调整与对手的距离和位置，占据球与篮筐之间的合理位置，并根据防守目的、己方战术需要及对手的特点调整防守的距离与姿势，最大限度地控制对手。防守有球对手最基本的任务就是尽力干扰和破坏其投篮，堵截其运球，封锁其助攻传球，并积极抢、打、掏球，以达到制约对手、控制球权的目的。

1. 防持球突破

防守对手的持球突破，要根据对手在场上的位置、距离球篮的远近、对手的进攻特点，合理选择基本步法，抢占有利的防守位置，争取防守的主动权。

（1）平步防守

防守者两脚平行开立，正对对手，重心下移（头部约与同身高对手的肩部平齐），与对手保持一臂距离，用靠近球侧的手臂伸缩和指腕的挑拨动作干扰对手手中的球，另一臂体侧后挥摆，封堵其传球。两脚随手臂动作做碎步滑移，准备随时起动衔接下一动作。

（2）前后步防守

防守者两脚前后开立，宽步幅、低重心，防距一臂，前脚同侧的手臂前伸（掌心向上）扰球，另一臂侧后挥摆，封堵对手的传球，两脚碎步滑移，保持起动姿势。

当对手持球突破时，防守者与突破方向同侧的脚立即做后撒步接后滑步，积极堵截其前脚，置其前脚于己两脚之间，胸对其肩，当其肩触及己方胸部时，上体后仰，主动倒地，造成对方带球撞人犯规。

2. 防运球

当对手运球突破时，防守者要抢先滑步移动，以身体躯干对着球的落点，阻止其向纵深运球并迫使其停止运球或改变运球的方向。一旦对手停球，防守者要立即靠近对手，封堵其投篮与传球，并进一步挤压空间，迫使其转身背向球篮。对手传球后，及时向传球方向和球篮的方向后撤，以控制其空切。

3. 封盖投篮

防守队员封盖投篮，简称"盖帽"。通常的盖帽动作是对手起跳投篮时，防投篮的队员跟随起跳，充分伸展身体和手臂，捕捉对手举球到最高点投球或球刚离手的一瞬间挥臂打球，或用离对手近侧的手封球、拨球、按住球，尽量利用前臂和手腕的力量，动作要小而突然，短促有力，避免因身体接触而造成犯规。对进攻队员行进间投篮的封盖，防守队员可以从侧面、后面跟防，一般用单脚起跳，从侧面盖帽。对迎面上篮的队员，也可以在刚出手投篮的上升期封盖。

4. 抢、打球

防守队员抢球，首先要判断好时机，以快速、敏捷的动作抢夺对手手中的球。抢球时手部的动作有拉抢和转抢两种。拉抢是用手臂向后拉拽的方法抢球；转抢是用后拉加转动的力量抢夺对方的球。防守队员还可以用快速的脚步移动，抢占有利的位置，用手掌击打对手手中的球或者阻截运球。无论采用哪种方法，打球的动作均不宜过大，用力均不宜过猛。

（二）防守无球对手

一场篮球比赛，绝大多数时间是无球队员之间的攻守对抗。要提高防守的主动性，有效遏制对手的进攻，必须增强队员对无球防守的认识，提高队员防守无球对手的技能。防无球对手主要的任务是不让对手在有效的区域内接球，或勉强接到球后处于被动状态。

1. 防守位置与距离的选择

防守无球队员要根据对手与球、球篮的距离以及对手的身高、速度和进攻特点等个人因素和战术需要选择防守位置和距离。一般而言，应该选择在"球—我—他（防守对象）"形成的三角形的钝角处，做到人球兼顾。具体方法要遵循以下两个原则。

（1）根据对手与球、球篮距离的远近选择与防守对象之间的距离。与对手的距离要和对手距球和球篮的距离成正比，对手距离球、球篮较近，与防守对象之间的距离则近；反之亦反。做到"近球（篮）上，远球（篮）放"，人球兼顾，控制对手接球，目的就是集中优势，加强有球侧的防守。

（2）"强""弱"侧决定站位姿势。以球场的中线中点与端线中点作一连线，有球的一侧称为强侧，无球的一侧称为弱侧。强侧防守，应该采取面向对手侧向球的斜前站立的紧逼防守姿势，即近球侧脚在前，另一脚稍后，与前脚同侧的手前伸，拇指向下，掌心向球，手掌处于球与对手间假想的连线上，切断其接球路线，屈膝降重心，头与对手肩平。弱侧防守，内侧的（前）脚后撤，面对球，侧对对手，两臂侧伸，一臂向球，另一臂指向防守对手。

2. 移动步法

防无球对手常用的移动步法有前滑步、后滑步、撤步、横滑步、交叉步、侧身跑等，每种步法都针对一定的进攻行为。防守无球对手，应该采用合理的移动步法，并配以身体对抗抢占有利防守位置，堵截其移动摆脱路线。在与对手发生对抗时，降低重心，两脚发力，两臂屈肘外展，上体保持适度紧张，在发生身体接触时瞬间提前用力，主动对抗。

强侧用前滑步堵截对手迎上接球。当对手向球移动企图接球时，防守者用前滑步抢先堵截对手接球路线，迫使其加大移动距离，将对手驱赶到远离球篮的区域。

3. 断球

断球是截获对方传接球的方法，根据传球方向和防守队员断球前所处的位置，一般分为横断球、纵断球和封断球。

(1) 横断球

横断球是从接球队员的侧面跃出断球的方法。断球时屈膝，身体重心下降，准备起动。当球刚从传球队员手中出手的刹那间突然起动，单脚或双脚用力向传球路线跃出，身体伸展，两臂前伸，将球截获。如距离较远，可助跑起跳。

(2) 纵断球

纵断球是从接球队员身后或侧后跃出截获球的方法。当从接球队员右侧向前断球时，右脚先向右前方跨出半步，然后侧身跨左脚绕到接球队员的前方，左脚或双脚用力蹬地向前跃出，身体伸展，两臂前伸，将球截获。

(3) 封断球

封断球是封堵持球队员传球时截获球的方法。当持球队员暴露了自己的传球意图，或传球动作较大，防守者可在对手球出手的刹那间突然起动，伸臂封盖或将球截获。

二、防守战术基础配合

防守战术基础配合是全队整体防守行动中，在局部区域为了破坏对方的进攻配合所采用的两三个人之间所实施的协同防守方法。防守战术基础配合虽然理论上称为"局部区域"的行为，但实际上，在其他区域的防守队员需要进行相应的轮转换位和位置的调整。所以，任何一种防守战术基础配合的运用都是全队的防守行动，是局部对球的控制和对无球进攻队员以及无球区域控制的统一。防守战术基础配合是整体防守战术的基础，对变被动为主动、提高整体防守质量具有重要作用。

防守战术基础配合的方法主要有挤过、穿过、绕过、交换防守、

"关门"、夹击、补防、围守中锋。挤过、穿过、绕过、交换防守是专门破坏对方掩护时采用的配合方法,"关门"、夹击、补防围守中锋是重点针对持球进攻队员的协同防守行动。

（一）挤过配合

挤过配合是破坏对方掩护,继续防住自己防守对手的最富有攻击性的方法之一,当掩护者临近时,防守者主动跨步贴紧自己的防守对手,并从掩护者和防守对手之间挤过去,继续防守自己的防守对手。

挤过配合要点包括：第一,防守掩护者的队员要及时提醒,使同伴在思想上有所预警。第二,当掩护者临近时,挤过队员要主动贴近自己的防守者,向前抢步,运用跨步、碎步等脚步动作从掩护者和自己的防守对手之间通过。

（二）穿过配合

穿过配合是当进攻队员进行掩护时,防守掩护者及时提醒同伴,并主动后撤一步,让同伴及时从自己和掩护者之间通过,继续防守自己对手的一种配合方法。此种配合方法一般选择在对方没有投篮威胁时运用。

穿过配合要点包括：第一,防守掩护的队员要及时提醒同伴,并主动后撤,让出通道。第二,穿过的防守队员当对方掩护时,应及时调整位置,迅速从同伴和掩护者之间通过,继续防住自己的对手。

（三）绕过配合

绕过配合是当进攻者进行掩护时,掩护队员的防守者主动贴近对手,让同伴从自己身旁通过,继续防守各自对手的方法。此种配合方法一般选择在对方没有投篮威胁时运用。

绕过配合要点包括：第一,防守掩护者的队员要及时提醒同伴,主动靠近对手。第二,绕过队员迅速绕过,并及时调整防守位置和距离。

（四）交换防守配合

交换防守配合简称"换防",是为了破坏对方的掩护,防守者之间及时交换自己所防守对手的一种配合方法。其通常运用于被掩护队员不能采用挤过或穿过时使用。一般而言,对方横向掩护时,大多交换防守；对方纵向掩护时，特别是换防守出现小防大的情况下，尽量少用交换防守。熟练运用交换防守配合，可以弥补防守漏洞，争取断球的机会。

交换防守配合要点包括：第一，防守掩护者的队员要及时提醒同伴，并贴近自己的对手，当对手切入时，及时换防。第二，防守被掩护的队员要及时调整防守位置，抢占人与球篮之间或者人与球之间的有利位置，不让掩护者将自己挡在外侧。

（五）"关门"配合

"关门"配合是邻近的两名防守队员协同防守对方突破的方法。当进攻队员运球突破时，防守突破的队员应向其侧后方滑步，同时，临近突破一侧的防守队员，也应及时快速向进攻者突破的方向靠拢，二人像两扇门一样"关门"，堵截突破者的移动路线。

"关门"配合要点包括：第一，防守突破的队员应该向偏于协同防守的一侧选位，迫使对方向预期的方向突破。第二，协同防守者偏于有球侧站位防守，当同伴防守的进攻队员运球突破时，抢先移动，及时与同伴"关门"配合，对方停球或传球后，及时回防。

（六）夹击配合

夹击配合是防守者采取突然行动，与同伴一起封堵、围夹持球者的一种配合方法。夹击通常用于封堵边角运球者或在场地边角停球的进攻者，更能体现防守的积极主动性和攻击性。

夹击配合要点包括：第一，正确选择夹击的时机与地点。对方运球而对场上情况不予注意时、运球转身时、运球停球时都是夹击的好时机，夹击的最佳位置在中线边角或场地四周边角位置。第二，夹击时，防守者用腿与躯干封堵对方的移动空间，同时挥舞手臂积极堵截，干扰对方传球，但不要盲目下手抢球，临近防守队员切断防守者的接球路线，伺机断球。

(七) 补防配合

补防配合是当持球进攻者突破同伴的防守，邻近的防守队员主动放弃自己防守的对手，填补防守漏洞，防住同伴防守者的一种配合方法。

补防配合要点包括：第一，补防队员要预判准确、动作迅速、行动果断。第二，漏防队员要积极移动，快速追击防守或者及时去防守补防队员所防守的对手。

(八) 围守中锋配合

围守中锋配合是为削弱对方内线中锋进攻威胁，其他防守队员协同内线防守队员，共同堵防、夹守对方中锋的一种配合方法。一般在对方中锋队员攻击力较强，为减少内线防守压力，削弱对方中锋进攻威力时采用。

围守中锋要点包括：第一，中锋防守者根据双方的能力与特点，合理选位并积极移动抢位，切断中锋队员的接球路线，堵截其向有威胁的区域移动路线。有球队员的防守者要紧盯防守，干扰其向内线传球。邻近的其他防守者根据全队防守要求，合理选位，围夹或者准备围夹对方的中锋队员。第二，一旦对方中锋队员接到球，防守者要迅速围夹，限制其活动空间，迫使其将球传出。

三、个人防守技术与防守基础配合教学与练习建议

(一) 建立积极防守的指导思想

首先在思想上要提高防守在比赛中的重要作用，要克服重攻轻守的思想与防守总是被动的认识，树立防守的信心与决心，强调积极防守、顽强战斗的作风建设。

(二) 防守基本姿势与基本步法是个人防守技术的基础

形成正确的防守基本姿势，掌握身体平衡而快速的防守移动步法，并可将脚步动作练习与体能训练相结合，提高手脚配合的协调性和自身的反应能力。

（三）先学习防守有球对手，再进行无球对手防守的教学与训练

学习防守有球对手，首先学习防守原地传球、投篮，以及防守运球、防守突破、防守跳投；其次学习防守无球对手。学习防守无球对手时，先采取球动（进攻队员）人不动的方法，使学生理解如何根据球的位置，选择防守的位置和距离；再学习人动球不动的防守，使学生能依据对手的移动，及时抢占防守的有利位置；最后逐步增加练习的难度，采用人动球动的方法，直至在实战的条件下，检验学生的个人防守技术。

（四）强化"位置防守"技术

各个不同战术分位的队员，除了共性要求外，还各有细化要求。例如，对中锋队员的防守明显与后卫的"领防"是不同的，为了使学生掌握某一位置的防守，可限定进攻队员的移动路线和活动方位，反复强化某一具体内容或位置的防守技术。

（五）在提高个人防守能力的基础上学习防守战术基础配合

防守战术基础配合教学训练的重点内容是挤过、换防、"关门"。

（六）战术基础配合的教学与训练要循序渐进

要由固定到变化、由消极到积极、由局部到全体，逐步提高防守基础配合的意识与应变能力。

第三节　快攻与防守快攻

一、快攻

快攻是防守队由守转攻时，全队以最快的速度、最短的时间，力争在对手未形成全队集体防守阵势之前，抓住战机，形成进攻人员在数量、位置、能力上的优势，果断而合理地发动攻击的一种进攻战术。

快攻不仅是进攻战术系列的一部分,而且是重要的一部分。高职院校篮球竞技比赛特点更突出地体现在"智、悍、高、快、准、全、变"等方面,其中节奏合理的快速攻击就是其重要特征之一,也是进攻战术中犀利的武器。

快攻按照其推进的形式可以分为长传快攻、短传快攻、短传结合运球突破快攻、运球突破快攻等。就快攻的结构而言,长传快攻由发动和结束两个阶段组成。其他形式的快攻则由发动与接应、推进、结束三个阶段组成,在这三个阶段中,因具体形式、位置、区域与时机的不同,技术应用与战术配合不同可以演变为很多种形式。

(一)长传快攻

长传快攻是指队员在后场获得球后,直接将球长传给摆脱对手快速移动到前场队友的一种快攻形式。此时,无论是抢获篮板球的队员还是接应的队员,应由远及近地观察场上情况,当发现同伴处于有利位置时,应及时将球传出。此战术只有战术的发动和结束两个阶段,因而进攻时间短、速度快、配合简单,是一种成功率较高的快攻战术形式。

(二)快攻的发动与接应阶段

根据篮球比赛攻守转换的规律,快攻的发动时机应是在队员跳球获得球后、抢断球、抢获篮板球与对手中篮后掷后场端线球后等。其中,以抢获后场篮板球发动快攻的机会最多,以抢断球后发动快攻的成功率最高。无论是何种情况,一旦己方获得球后,全队都应迅速分散,控制球的队员要根据场上情况,迅速、及时、准确地进行第一传。一般而言,先选择长传快攻,再与接应队员配合,接应者应迅速摆脱防守,及时选择有利的位置接应一传准备推进。后卫队员应该在同伴抢到篮板球时拉出接应,保证快攻第一传。如对手破坏第一传,后卫要迎前接应;如没有断球危险,后卫可以在靠近中场的附近接应。此阶段,一传的速度和接应队友的距离是关键。

快攻的接应分固定接应与机动接应。固定接应包括固定地区固定队员接应,固定地区不固定队员接应,固定队员不固定地区接应等形式。

机动接应是防守队员抢获篮板球后,将球传给最有利发动与接应组织快攻的同伴,这种接应具有隐蔽性强、机动灵活、快速高效的特点。

(三) 快攻的推进阶段

快攻的推进阶段是指快攻的发动与接应阶段之后,至快攻结束段之前中场配合的过程,在整个战术过程中起承前启后的作用。在推进阶段中,全队要有层次地散开,保持队形的纵深。依据其形式,快攻的推进阶段分为传球推进、运球推进、传球结合运球推进。

1. 传球推进

传球推进是参与快攻的队员快速传球向前场推进的方法。其特点是速度快,对行进间传接球技术要求相对较高。在推进过程中,队员之间要保持纵深队形,无球队员要快速跑动,并随时准备接球,传球要准确、及时,尽量向斜前方传球,避免横传球。

2. 运球推进

运球推进是由守转攻时,获得球的队员利用运球技术超越防守,自己投篮或者传球给同伴进行进攻的推进方法。其特点是加快了推进速度,减少了中间环节。

3. 传球结合运球推进

传球结合运球推进是由守转攻时,进攻方立即以快速的短距离传球结合运球的方式,突破对方防守,以阻断对方篮下的快攻推进形式其特点,是灵活、机动、多变。

(四) 快攻的结束阶段

如果说决定快攻多少的因素在于快攻的意识,那么决定快攻成败的关键是其最后的结束阶段,即快攻的结束阶段。这时,要求持球队员判断准确,适时传球或者果断攻篮,其他队友也要对防守的意图有清晰准确的预测与判断,合理选择位置,伺机接应,或抢篮板球,或准备补篮。

1. 二攻一的配合方法

快攻推进到前场之后,形成二攻一的局面,进攻队员应拉开空当,调动防守，扩大进攻面，可以选择快速传球、运球，或者运球突破强行上篮等手段进行攻击。

2. 三攻二配合的方法

三攻二时，三位进攻队员要充分利用场地的宽度，保持中路队员靠后，两侧队员靠近边线并突前的倒三角形的队形，扩大攻击面。进攻时，根据防守队员的站位，决定从中路运球突破，还是从边路起动，总之，平行站位突中间，重叠站位传一边，斜线站位攻空位。

二、快攻战术教学与练习建议

第一，快攻是进攻战术的重要组成部分，以进攻战术基础配合为基础，一般应安排在其后进行教学。

第二，教学中长传快攻安排在前，其他形式的快攻安排在后。首先进行快攻的发动与接应，其次进行快攻的结束阶段的教学（先安排"二攻一"，再"三攻二"），最后进行快攻的推进的教学。

第三，在固定形式下练习快攻的基本方法，逐步过渡到机动情况下练习。先无防守，再到积极对抗情况下的训练。

第四，快攻教学以抢获后场篮板球，短传结合运球突破推进，以多打少的结束段为教学的主要内容。

第五，快攻战术设计与实施要与全队防守战术相结合。

三、防守快攻

防守快攻是指比赛中由攻转守的瞬间及时组织防守阵形，积极组织力量阻止和破坏对方发动快攻的防守战术。防守快攻需要根据快攻攻势的展开，有针对性地防守，力求延缓对方的进攻速度，打乱进攻节奏，推迟进攻时间，以利于迅速组织阵地防守。

（一）防守快攻的基本要求

第一，全队战术设计中应该遵循"攻守平衡"的原则。在阵地进攻战术的设计中，要明确队员的攻守任务，以便失去球权时及时迅速退守。

第二，一旦失去控球权，要积极堵截破坏对方的第一传，并有准备地抢占其习惯的接应地点，堵截其接应队员。

第三，要具备积极拼搏的精神，对方获得球权，及时迅速退守，即使在以少防多的情况下，也要积极阻击，为队友的回防创造条件。

第四，采用有针对性的全队战术，以遏制对方的快攻。失去球权后，必要时可采用全场紧盯战术，控制其进攻速度，退回后场或局势发生可预见的转变后再转入半场防守。

(二) 防守快攻的方法

1. 提高投篮命中率，积极拼抢前场篮板球

根据篮球比赛实战的统计资料来看，抢获后场篮板球后发动快攻的概率最大，进攻队员提高进攻成功率，积极拼抢前场篮板球是制约对方发动快攻的直接办法。

2. 封——传、堵接应

攻守转换时，积极封对方的一传和堵截其接应队员是防守快攻的关键环节。当对方获得球权后，就近的队员要立即干扰持球队员的视野、角度，延缓其一传的速度。对手采用运球突破推进时，应紧盯防守，堵中放边，为同伴协防、夹击创造有利条件，给本队退守和组织全队防守争取时间。当对手采用固定接应时，要抢占对方的接应点，堵截接应队员与一传之间的联系，有效地控制插上接应的意图与行动，破坏和延缓对方发动快攻。

3. 防守快下队员

防守快攻除了要对持球队员进行干扰和阻击外，对拉边快下的队员也要予以盯防，对其要以防接球为主，破坏接球与下一个技术动作的衔接。

4. 提高以少防多的能力

提高以少防多的能力，重点是篮下一防二、二防三的能力，根据进攻队员以及场上的情况，采用相应的防守技术与策略，破坏和延缓对方

的进攻,力争为同伴的回防赢得时间。

第四节　半场人盯人防守与进攻半场人盯人防守

一、半场人盯人防守

(一) 半场人盯人防守概述

人盯人防守是篮球运动最早产生的一种防守战术形式。早期的人盯人防守要求每名防守队员防住自己的对手,"黏"住对手。随着篮球运动的发展,现代人盯人防守的主动性与破坏性大大加强,战术手段更加丰富,战术应用更加合理,增强了篮球运动攻守对抗的激烈性与观赏性。

人盯人防守按照防守的范围可以分为全场紧盯人防守和半场人盯人防守。人盯人防守具有相对固定的防守对象,在防守过程中以控制自己的防守对象为主,但也不能理解为仅是防守自己的对手,要在控制自己对手的同时,对于防守有球与无球的转换、不同的防守区域之间要相互联系,以防人为中心,结合对方各种进攻配合行动的综合限制和破坏,共同形成严密的整体防守体系。

半场人盯人防守是在由攻转守时,全队迅速退回后场,每名队员负责以盯防分工的防守对手为主,兼顾对球和区域的控制,与同伴协同配合,进行集体防守的全队防守战术。半场人盯人防守是高职院校篮球教学运用最多、最重要的战术方法之一,是人盯人防守战术体系中最基本的全队防守战术。这种防守战术分工明确,责任到位,针对性强,能有效地控制对手的习惯打法,充分发挥学生的防守特长与能力,调动个人防守的积极性。

半场人盯人防守可以分为半场扩大人盯人防守和半场缩小(松动)人盯人防守两种。半场扩大人盯人防守是一种扩大外围防守面积的方法，防守范围较大，一般在 8 米～10 米区域内展开防守，用以对付中远距离投篮较准、内线相对较弱的对手，有时也用于"制内防外"的防守策略，即加强外线的防守压力，控制其向内线传球，切断内外线之间的联系，以达到削弱其内线进攻威胁的目的。这种打法的优点是防守的主动性强，可以主动加大比赛的强度，破坏对方的习惯配合，容易形成抢断球快攻反击，但由于防区扩大，协防难度较大。半场缩小（松动）人盯人防守加强了内线防守，控制区域相对较小，一般为 6 米～7 米，主要针对对手外线投篮较差而个人突破和内线攻击力较强的球队使用，防守范围较小，用以进行协防，强化了篮下区域内线防守的主动性，便于抢篮板球发动快攻反击。

半场人盯人防守是区域联防、区域紧盯人战术的基础，能够极大地调动防守的积极性与主动性，能够灵活、准确、及时地调整防守的侧重点，对球的压力大，对对手防守的针对性强，能有效地控制对手的进攻重点。其不足之处是队员主要处于个人防守的状态中，个人防守能力是制约战术效果的影响因素。此外，由于防守队员在场上的位置不固定，给组织篮板球的拼抢和快攻带来一定的难度。

(二) 半场人盯人防守战术要点

1. 以个人的"盯人防守"为基础，兼顾球的位置和所处区域

采用盯人防守战术，个人防守能力是战术有效性的基础，防守分工时需要充分考虑对手的进攻特点和本队队员的个人防守能力，合理安排盯人防守的对手，一般会采用强对强、弱对弱、高对高、矮对矮的原则分工防守。其以盯人为主，人、球、区、时兼顾。

2. 人盯人防守，强调对球施压

(1) 对持球者的压迫式防守

以防球为主对持球对手施以最大压力，力求不给持球队员投篮、传球和摆脱的机会。迎前防守和贴身防守技术广泛采用，防守队员往往在移动中贴近对手的身体，对手停球后，及时上前"挤压"其活动的空

间,并采取攻击性防守的动作干扰破坏其进攻行为。

(2) 防守无球队员的"近球上,远球放"

对无球队员的防守,强侧要紧盯,阻断对方的接球路线,弱侧要协防,形成近球紧、远球松、随时要协防的防守态势。防无球对手,要始终保持人、球、区兼顾的有利位置,做到有球侧以多防少,无球侧以少防多,在强侧严格控制持球队员的行动,防止其将球向内线传递,切断持球队员与无球队员之间的联系。在对球持续施压的同时,控制有威胁的区域(如限制区)和赛场上的时间进程也是人盯人防守的重要因素。

3. 强调协同配合,注意集体力量的发挥

对于防守战术中的主体因素"我"而言,人盯人中的"人"不仅是指自己防守的对手,还包括所有对手。为了发挥集体的力量,不仅要守住自己的对手,而且还必须随时了解和观察到其他对手和队友的行动意图,实现防守的集体性。在防守中还要互通信息,及时呼应,造成声势,压倒对手。换防、"关门"等在人盯人防守中是频繁使用的基础配合。对临近队员协防、弱侧协(补)防、围守内线等丰富了防守的内涵。集体防守对进攻的整体制约和控制有了很大的提高,防守的攻击性与主动性也越来越强。

二、半场缩小(松动)人盯人防守教学与训练

(一) 半场缩小(松动)人盯人防守教学与训练建议

第一,半场缩小(松动)人盯人防守教学从防守脚步动作、个人防守技术运用以及防守战术基础配合教学开始,在此基础上进行全队防守战术配合。

第二,教师应简明扼要地讲明半场人盯人防守战术的特点、战术意义,根据体育专业篮球普修课程教学要求,重点分析半场缩小(松动)人盯人防守协同配合的具体方法,明确防守队员的职责与要求。在讲解时充分利用挂图、战术沙盘、录像剪辑等直观教具,以便学生获得全面完整的战术概念。

第三，在战术概念形成的初期，应先采取进攻队员固定站位传球，即"球动人不动"的情况，练习防守选位，接着采用"球不动人动"的方法练习防守无球队员的空切、反跑、"溜底"、插上。在掌握破坏对方进攻战术基础配合后（重点是掩护），再进行"球动人动"的全队战术演练。此时的教学重点是弱侧协防，被突破后的补防与轮转以及对中锋的协防、围守。

第四，在掌握战术原理，明确战术特点之后，进行分区、局部的分解练习，待局部配合熟练后，逐渐过渡为完整的战术配合。在完整战术配合练习中，学生应先学习强侧防守，再学习弱侧协防配合，最后进行全队整体战术配合的学习，并将个人防守能力与防守战术基础配合贯穿篮球技术学习过程的始终。

（二）教学重点与难点

1. 教学重点

（1）防守有球队员的投篮、传球，堵截运球突破

对有球队员的防守，要站在"球—我—篮"有利的位置上，运用合理的脚步动作，干扰对方的投篮和传球，并积极堵截对方运球突破的路线。

（2）防守无球队员的接球路线

防守无球队员要抢占有利的防守位置，拦截其接球路线，迫其传球远离球篮的位置。

（3）正确选择防守位置

人盯人防守要根据手、球、球篮来选择有利位置，有球紧、无球松，近球紧、远球松，积极移动，控制对手。

2. 教学难点

（1）不同区域运用"球、人、区"兼顾的防守原则

在人盯人防守配合中，学生往往只顾看住自己的对手，而不能做到"球、人、区"兼顾。教学中教师应反复不断地讲解示范，让学生注意球、人、区兼顾，与同伴协防，加强防守的集体性。

(2) 强、弱侧防守的协调配合

要提高人盯人防守质量,必须做好强弱侧防守的协调配合。对强侧的防守,要站在能够控制对手接球的路线上,积极阻拦对手接球。而弱侧防守队员在协防强侧的同时,要做好篮下的防守和对向篮下无球空切队员行动的防守,要选择好"球—我—人"的防守位置。

(三) 常见错误与纠正方法

1. 常见错误

(1) 基本防守原则与概念不清楚,无规律移动。

(2) 配合观念差,只管防守自己的对手,不能兼顾相邻对手。

(3) 个人防守方法和防守能力弱。

(4) 防守选位意识不足。

2. 纠正方法

(1) 在练习中应由简单到复杂,由个人防守到两三人配合防守,教师要边示范边讲解,帮助学生形成正确的防守战术概念。

(2) 强调在防守自己对手的前提下,协防相邻的对手,可以运用呼喊口令促使动作完成到位。

(3) 在学生掌握基本方法后,多进行实践练习,提高实践应用能力。

(4) 强化学生的选位意识,做到有球紧、无球松,近球紧、远球松,近篮紧、远篮松以及积极移动的意识。

(四) 半场人盯人防守教学训练的步骤与方法

1. 半场四对四选位练习

进攻方采取两前锋两后卫的站位方法,人不动球动,防守者根据球的位置调整防守位置,主要练习强弱侧的防守方法与意识。教师在学生每一次传球后,要及时纠正学生错误的防守选位。

2. 全队防守时的选位练习

(1) 球动人不动条件下的选位练习

半场五对五,进攻队员不动,利用球的转移,让防守队员进行选位练习，练习数次后，防守队员按顺时针方向换位四次，换下一组学生练习。

防守只能移动选位，不能断球，进攻队限制传球速度，听教师口令传球，练习熟练后可以加快传球的速度。

（2）人动球不动条件下的选位练习

球依次固定在每个进攻队员手里，让其他四名防守队员以此练习防守掩护、纵切、横切、溜底线等。

（3）人动球动条件下的选位练习

进攻队员只能传球、运球突破或运用进攻战术基础配合，不允许投篮，防守队员严格按照选位原则进行选位和防守，控制对方的进攻配合，如抢断成功，则攻守交换。

3.半场五对五对抗练习

进攻成功后从中圈发球继续进攻，进攻队员抢到篮板球可以二次进攻，防守方抢到篮板球或抢断球后，从中圈发球进攻。

队员要按照人盯人防守的战术原则进行防守配合，教师发现问题可以及时叫停，进行指导。

4.结合退守的全场五对五对抗练习

先在半场五对五，当进攻队失去球权，立即由攻转防，各自迅速找到分工防守对手，保持一定的距离，控制对手的攻击行为，进行半场人盯人防守。

（1）由攻转防时，要干扰对方的一传和接应，控制快下队员，严防持球队员快速突破。

（2）由攻转守，立即退到中线附近找人，并跟随自己所防守的对手移动到半场松动人盯人的区域进行防守，在跟随的过程中也要控制对手的行动，以免对方突然摆脱防守。一旦对手进入预定防区，要积极防守，按照"以球为主，人、球兼顾"的原则进行防守。

（3）注意协防，注意对方的策应和掩护，注意用语言和同伴建立联系。

(4) 积极拼抢篮板球。

(5) 教师发现问题，及时指导。

三、进攻半场人盯人防守

（一）进攻半场人盯人防守概述

进攻半场人盯人防守是现代篮球进攻战术体系的重要组成部分，也是体育专业篮球战术部分教学最重要的内容之一。由于半场人盯人防守在比赛中运用的普遍性，进攻半场人盯人防守也是各级球队战术训练的重点。

进攻半场人盯人防守战术是根据对方防守的区域范围、防守阵势等特点，结合本队具体实际，以我为主，充分发挥本队队员的特点，通过一定的阵形，综合使用掩护、突分、策应、传切等进攻战术基础配合，并结合快攻与个人攻击所组成的全队进攻战术。

为了发挥每个队员的特长，进攻半场人盯人防守战术要求，进入前场转入阵地进攻后，全队必须有组织地部署一定的落位队形。进攻队的落位队形与方法，是以本队队员（特别是中锋）的身体条件和技术特点，结合对方的防守情况进行合理选择的结果。根据中锋队员配备情况，常见的进攻落位阵形可以分为三类：第一类是单中锋落位，布阵形式有 2—2—1、2—3、2—1—2 等；第二类是双中锋落位，布阵形式有 1—3—1、1—2—2、1—4；第三类是机动中锋落位，布阵形式有 2—3。

（二）进攻半场人盯人防守战术要点

第一，从实际出发（特别是本队中锋的技战术水平、身体条件），合理地组织阵形，充分发挥本队的进攻特点和技术战术身体特长，利用基础配合组织全队进攻战术。

第二，充分利用基础配合及其变化创造进攻机会，要正面与侧面、内线与外围、主攻与辅攻、整体与个人进攻相结合，扩大攻击面，增多进攻点，加强进攻的攻击性。

第三，进攻中抓住对手的薄弱环节实施强攻。

第四，组织冲抢前场篮板球，提高攻守转换速度。

四、进攻半场人盯人防守教学与训练

(一) 进攻半场人盯人防守教学建议

第一,首先讲明战术方法的队形、特点、配合的发动、队员的移动路线、攻击点及其应变方法,结合各种直观的演示,使学生建立完整的战术概念。

第二,在无防守的情况下练习战术配合的套路,熟悉战术路线和方法,在按战术配合预期练习的同时,要明确战术的变化。

第三,结合进攻战术配合,强化位置技术,以保证全队战术质量与效果。

第四,在进行局部配合练习时,要注意不同位置、不同区域队员练习的组合,如前锋与中锋,后卫与前锋,后卫、前锋与中锋等。

第五,全队战术训练要把快攻与阵地进攻有机结合,提高进攻的组织速度。

(二) 教学重点与教学难点

1. 教学重点

(1) 个人进攻技术的教学

个人进攻技术是全队战术实施的保证与基础,在进攻半场人盯人防守战术教学中,要投入足够的精力与时间大力提高个人基本技术训练。

(2) 进攻基础配合的教学

掩护、传切、突分与策应等战术基础配合是全队战术的重要组成部分,也是完成进攻战术最基本的要素,全队战术训练要从局部配合即两三个人之间的战术基础配合抓起。

(3) 进攻战术设计打法的教学

进攻半场人盯人防守战术的设计,应以我为主,根据本队队员的进攻技术特点、身体条件和运动能力设计进攻半场人盯人防守战术能充分发挥每一名队员的主观能动性。

2. 教学难点

（1）正确的移动跑位

篮球竞赛场上队员之间的空间位置是实施战术的必要条件，对学生个人来说，正确合理的移动是个人战术素养的重要组成部分。根据战术要求，适时高效地跑位是进攻战术训练的重要内容。

（2）战术基础配合的合理运用

全队战术是由局部的基础配合组成，熟练掌握灵活的运动战术基础配合是全队战术的基础。

（3）组织进攻中如何掌握节奏和结合防守情况的随机应变

掌握好进攻的节奏，快、慢、动、静结合，既要掌握进攻的主动权，又要注意保持攻守平衡，提高攻守转换速度。同时，充分发挥个人特长，随机应变，果断攻击。

（三）教学中常见错误与纠正方法

1. 常见错误

（1）两三人局部配合不默契，主要表现在位置、距离、路线、时间、节奏、变化等方面。

（2）基础配合中，内、外线的联系不密切，各自攻击意图不明确。

（3）进攻中，主动进攻和辅助进攻联系不紧密。

2. 纠正办法

（1）在无防守情况下，进行战术分解的强化练习。

（2）在无防守情况下，熟练掌握配合的距离、路线变化，加强默契。

（3）教师在讲解配合时要边讲边做，对不同位置的变化情况逐一讲解，强化学生的动作概念。然后，在无防守或消极防守情况下，进行全队战术练习，加强学生对整套战术的落位队形、配合路线与实践、攻击点及变化的理解，在半场防守队积极防守的情况下，加强学生的攻击意识和能力，同时提高学生与团队的配合能力与意识。

第五节　全场盯人防守与进攻全场盯人防守

一、全场盯人防守

（一）全场盯人防守概述

全场盯人防守是由攻转守时，防守方在全场范围内布防，每个队员盯防临近对手，以个人攻击性防守为基础，结合全队协同配合，阻挠、限制对手有组织的进攻活动，以迅速达到由守转攻目标的攻击性极强的一种全队防守战术。

全场盯人防守对手明确，便于合理组织队员，发挥队员的个人特点，打乱对手的部署和习惯打法，更有效地制约对手的进攻行动。全场盯人防守是在全场范围内与对手展开的以球权转换为目的的激烈争夺，故能充分利用球场的面积，迫使对方更频繁地移动，给予对手更大的心理压力，造成其失误或违例，从而取得竞赛的主动权。全场盯人防守对培养学生积极主动、勇猛顽强、敢打敢拼的作风和战术素养，提高身体素质和促进技术全面发展方面有着极其重要的作用。

在任何级别的篮球比赛中，全场盯人防守都是一件可怕的武器，每个队员都需要准备一套在比赛的关键时刻使对手出现失误的全场紧盯人战术。

全场紧盯人防守战术的优势有以下几点。

第一，通过设置防守陷阱，夹击、抢断球以获得更多的球权。

第二，打乱对方的进攻节奏，按照己方的节奏控制比赛。

第三，令对手只能向后传球，延误进攻时间，迫使对方拉长进攻的战线，甚至造成球回后场违例。

第四，充分发挥己方的速度优势。

第五，利用对方没有较好的控球队员的特点。

（二）全场盯人防守战术要点

1. 由攻转守时，找人要快

由攻转守时，应立即就近找人，抢占有利的防守位置，盯防临近对手，同时注意场上情况，及时协防。半场人盯人防守的方法与原则同样适用于全场盯人防守，只是扩大了防守的范围。

2. 积极封堵对方的接球路线和移动路线

防守无球队员，要保持正确的防守位置与距离，以控制对手接球为主，当对手向球移动时，要迎前堵截，切断其接球路线，迫使对手跑外线，做到"前紧后稍松"；当同伴被突破时，要果断进行堵截和补防。

3. 充分利用球场的区、线和时间，加强防守的攻击性

防守有球对手，积极封堵其向前的传球路线，诱使对方长传或高吊球，制造抢断机会；当对手运球时，首先力争不让对手突破，一旦被突破，也要尽力追防，防运球队员，要贯彻"堵中放边"的原则，迫使对手向边路、向场角运球，制造夹击机会。

4. 与其他战术交替（结合）使用

全场盯人防守应用于突然改变战术，以控制比赛节奏；发挥己方速度优势，以摆脱篮下被动局面；利用对方控球能力差等情况。一旦紧盯失败，就会让对手轻易得分，且要求己方有充分的体能，其毕竟不是"常规"战术，只能作为一种战术变化应用，在比赛实践中，应与其他防守战术相结合进行使用。

（三）全场盯人防守战术配合方法

全场盯人防守的方法，可以分为防守固定对手和防守不固定对手。防守固定对手可以根据己方特点有针对性、明确地防守对手，但在由攻转守时，有时不够及时，这种方法适合初学者，一段时间后，应向防守不固定对手发展。

为了更好地明确防守人的职责，密切彼此间的配合，根据场上各个场区的防守任务，一般将球场分为前场、中场、后场来组织防守配合。

1. 前场盯人防守的方法

前场是全场盯人防守的第一道防线，要贯彻以夺取球权为目的的防守策略。由攻转守时，前场防守队员应迅速找到防守对手，抢占有利防守位置，以声势浩大的防守气势，给予对手巨大的心理压力。或积极干扰对方发球，或适时夹击对方接球人，或抓住时机适时夹击持球人，造成对方失误或违例，甚至可以直接获得得分的机会。由于由攻转守的形式不一，前场紧盯防守的战术形式也不尽相同。

（1）对手掷端线界外球的防守

①一对一紧盯形式。临近发球的防守队员封堵发球队员的传球路线，干扰其顺利发球进场，其他队员积极移动堵截各自防守对手的移动接球路线，迫使其发球失误或5秒违例。

②夹击接应队员紧盯形式。此种形式重点防守对方控球组织能力强的队员。防守发球者的队员暂时放弃自己的对手，与防守控卫的队友一起，夹击重点对手，其他队友应该注意阻断长传球。

（2）对方掷边线球紧盯形式

当对方在后场边线掷界外球时，一般采取放弃防守发球队员，采用夹击接应队员的紧盯防守方法，其他队友要及时抢占有利的防守位置，切断各自对手的接球路线，随时准备抢断球。对手掷球入界后，"游击"队员要及时回防掷界外球的对手。

（3）己方投篮未中，对方抢获篮板球后的紧盯形式

己方投篮未中，被对手抢得防守篮板球后，防守方应就近找人，防住各自对手。其中的关键是及时紧盯抢获篮板球和接应队员，不让对手快速地将球传出或运球突破。

2. 中场盯人防守的方法

前场防守即使没有达到球权转换的目的，也为中场组合防守赢得了

时间。中场防守的重点在于利用中线和边线相交的两个边角，诱使对方进入"防守陷阱"，开展带有攻击性的夹击与轮转补防以及防守对方的中路策应。

3. 后场盯人防守的方法

全场盯人防守中，一旦球进入第三防区，防守队应按照半场盯人防守的方法进行后场的盯人防守。在紧盯自己对手的前提下，积极封堵持球队员，破坏其进攻配合，离球近的防守队员要错位抢前防守，切断其接球路线，大胆出击抢断传球。球到边角时临近的队员要果断夹击，离球远的防守队员应抢占有利位置控制篮下，以少防多，同时注意随时断球和补防。

二、全场盯人防守教学与训练

（一）全场盯人防守教学与训练建议

第一，教师运用多种教学手段使学生明确全场盯人防守战术配合的特点、方法和基本要求，使学生建立完整的战术概念。

第二，教师在教学训练中运用分解练习法。在教学与训练中先安排前场紧盯，再到中场和后场紧盯，进而完成教学训练。

第三，全场盯人防守战术需要在个人防守技术、防守战术基础配合和半场盯人的基础上进行教学，全场盯人防守战术教学应与进攻全场盯人防守战术结合进行。

第四，在教学和训练中，应加强学生身体素质的训练，特别是耐力和速度素质的训练，还应加强学生勇猛顽强、坚韧不拔的战斗作风以及意志品质的培养。

（二）教学重点与难点

1. 教学重点

防守位置的选择与防对方移动。全场盯人防守时，对持球队员、无球队员、近球与远球队员防守位置的选择是重点。选位应该做到对近球队员紧，对远球队员松，对有球队员要"堵中放边"，堵一侧、放一侧，对无球队员要人球兼顾、以人为主。全场盯人防守时，如何防守对方的移动摆脱、插中策应，是教学训练的另一个重点内容。对向球移动的队员要防紧，对远离球移动的队员要防松，随着球、人的转移随时调整自己的防守位置。

2. 教学难点

找人选位，瞬时应变。在全场盯人防守中，由攻转守时，所有队员要以最快的速度找到自己的防守对手，抢占有利的防守位置，以积极的防守态度、合理的防守技术限制对手的移动、传接球、运球突破，拖延其进攻速度，同时，应积极应变，意在动先，反应迅速，瞬时应变。

（三）常见错误与纠正方法

1. 常见错误

（1）防守时找人慢，找到防守对手后位置选择不合理。

（2）夹击、轮转补防时机掌握不好，难以形成有效的夹击。

（3）抢断球出击的时机掌握不好，出击慢，断不到球。

2. 纠正方法

（1）由攻转守时，要求队员就近迅速找到任何一名防守对手，提高学生尽快找人的意识。找到防守对手后，当出现位置选择不合适的情况，在练习中，教师可以通过喊话或要求球、人回到原来的位置等方法进行讲解与提示。

（2）在教学训练中采用不同形式、不同位置的夹击练习，以提高学生的轮转补防、夹击的意识以及观察判断的准确性。

（3）加强抢断球的练习，安排不同形式、不同位置的多种抢断球练习，提高学生判断能力，同时加强学生脚步动作和腿部爆发力练习。

（四）全场盯人防守教学训练的步骤与方法

1. 加强个人防守技术和防守配合能力的训练

结合前、中、后场三段防守的教学，安排个人防守和防守基础配合能力的练习，提高个人防守能力。重视一对一对抗能力的提升，特别是一防一、抢前、挤过的防守意识和脚步动作练习以及补防、换防、夹击等防守配合。

2. 全场盯人防守局部配合练习

前场、中场、后场三个不同区域、不同阶段组成了全场盯人防守的全队配合。因此，训练中也要分阶段进行组织练习。

（1）前场防接发球一对一练习

教师发后场端线球，学生两人一组，一攻一守。规定进攻队员只能在三分线区域内接球，防守队员竭力阻止对手接球。如对手接到球，应立即调整防守位置，使其走边线；进攻队员运球至中线后，练习结束。

（2）前场防接发球二对二练习

四人一组，两攻两守。进攻队发后场端线球，两名防守队员夹击接球人，球发进场后，防守者在全场范围内要积极利用换防、夹击，破坏对方的进攻配合。

（3）三对三紧盯发球人练习

一名防守者紧盯发球人，不让其顺利地将球传出，另外两名防守者侧前防守，不让各自对手迎前接球，当对方两名队员掩护时，两名防守者要及时换防。一旦球发进场，三人要各自防住自己的对手，并在全场范围内用挤过、换防、补防等破坏对方的进攻配合。

（4）三对三游击夹击接发球队员练习

攻守三对三，进攻方只能在三分线区域内接球，防发球队员游击夹击接球队员，随时堵卡接球队员，力争在 5 秒内不让对方发球进场造成违例或抢断球。

（5）三对三夹击接球人练习

六人一组，三攻三守。进攻队发后场端线球，防发球队员放弃防守发球者，与自己的一名队员夹击对方控球能力较强者，球发进场后，防守者在全场范围内要积极利用换防、夹击，破坏对方的进攻配合。

三、进攻全场盯人防守

（一）进攻全场盯人防守战术概述

进攻全场盯人防守，是指进攻队根据防守队在全场范围内进行盯人防守时所采取的进攻应对方法与行动，是篮球进攻战术体系中全队进攻战术的一种。

进攻全场盯人防守，不能简单地认为是将进攻半场盯人防守的方法扩大到全场范围内。由于进攻全场盯人防守战术是在全场区域内进行的，与半场进攻盯人防守比较而言，无论是时间、空间和配合行动执行的方法上都有较大的不同。为了有效地进攻全场盯人防守，首先要对这种防守战术的特点和规律有充分的了解，并针对其防守队员分散、个人防守面积大、不便协防的弱点，结合本队具体情况组织全队进攻配合。

按照战术配合发生的前后顺序和防守的区域，进攻全场盯人防守，整个战术过程可以分为两个连续的阶段。第一阶段是以接应发球和将球顺利推进到前场为主要任务；第二阶段是球进入前场后的攻击，其重点在于球进入前场后，根据防守队形和本队特点，连续、不间断地执行具体进攻战术配合。

（二）进攻全场盯人防守战术要点

第一，当对方使用全场盯人防守时，首先要沉着冷静，不要慌乱。同时，思想一致，行动协调、按照进攻全场盯人防守的既定部署，合理布阵，有目的地组织进攻配合。

第二，由守转攻时快速反击，使用快攻的方法是击破全场盯人防守最高效的方法。反击时，运球突破要选好方向，不能在边角停球，以免对方夹击，如遇对方堵截，要及时将球传出，同时避免横向传球，尽量少传高吊球和长传球，接应队员要迎前接球。

第三，尽量少运球、多传球，如遇夹击，持球队员应争取在夹击形成之前将球传出；若来不及传出，也要利用跨步、转身等扩大活动范围，临近队员要及时迎上接应，以帮助同伴摆脱夹击。

第四，掌握好进攻节奏，无球队员要多穿插跑动，连续进行传切、空切、掩护、策应等配合，造成防守上的漏洞。在整个配合过程中，队员的移动路线是横向的，而球传递的方向是纵向的，将球保持在球场的中间地带，尽量避开场角和边线。

第五，如没有快攻机会，进攻队要迅速合理落位布阵。进攻全场盯人防守有两种基本的落位阵形：后场纵向或横向的密集落位，这种方法有意造成前场空虚，以便偷袭快攻；全场分散布阵，进攻队员分散部署于全场，分散对手的防守协作，利用防守的薄弱环节和空当寻机进攻。

四、进攻全场盯人防守教学与训练

（一）进攻全场盯人防守教学与训练建议

第一，进攻全场盯人防守配合战术面宽线长，配合难度较大，掌握在快速度、高强度下运用技术是基础。进攻队的组织后卫、攻击后卫和锋线队员掌握娴熟的运球突破技术，利用娴熟的运球快速突破是破坏全场盯人防守最简单有效的方法。

第二，进攻全场盯人防守战术要放在全场盯人防守战术教学之后进行。在针对防守战术特点的基础上，使学生了解进攻全场盯人防守战术配合的特点和要求、配合方法和分工落位、配合应用时机、移动路线、主要的攻击点以及变化等。

第三，教学训练中，先进行后场接发球和中路策应的配合，再学习整体战术配合方法。学习的重点在于前场的掩护、传切和中场的策应等配合，同时加强由守转攻时的反击速度和意识的训练。

（二）教学重点与难点

1. 教学重点

进攻全场盯人防守战术教学与训练要针对某些典型配合方法进行分析和练习。例如，分散站位、接应发球、传切配合、掩护配合、运球推进、摆脱防守后的投篮等。

2. 教学难点

心理素质的培养。在教学与训练中，教师应培养学生进攻全场盯人防守的自信心。

（三）教学中常见错误与纠正方法

1. 常见错误

（1）盲目运球或传球不及时、不到位。

（2）策应或掩护配合效果不佳。

2. 纠正办法

（1）在半场或全场练习一攻一运球，进攻队员看教师手势后将球传给指定位置的接应者。

（2）在强调策应和掩护队员进攻全场盯人防守重要性的基础上，大量练习不同形式、不同位置的掩护、策应配合。

（四）教学训练的步骤与方法

1. 一对一摆脱接球练习

两人一组互为攻守，进攻方利用"反跑"等摆脱对手后接应发球，接球后快速突破运球进攻。

2. 二对二接发球练习

四人一组互为攻守，进攻方利用个人或同伴之间的掩护摆脱防守，接发球后快速突破进攻。

3. 全场三对三、四对四、五对五配合练习

半场攻防开始，对方投中或罚中，防守方由守转攻要迅速抢发球，采用固定人员发球，对方违例，采用机动发球，接应发球队员要采用个人或利用掩护摆脱。球发进场后运用传切，掩护配合推进。

第六节 区域联防与进攻区域联防

一、区域联防

篮球防守战术的发展，是从最初的人盯人到每个队员选定一定的区域进行防守（联防的最初形式），再到多种固定的联防形式，逐渐发展形成了结合盯人、联防两大防守体系优点组合而成的综合型防守。

区域联防是在半场范围内通过分区站位，形成一定的阵形，严密防守进入该区域的球与进攻队员，并通过移动补位，封锁内线，将每个防守区域结合起来组织的全队防守战术。区域联防有着鲜明的战术特征和竞技实践的需要，是篮球全队防守体系的重要组成部分，是各级运动队战术训练的重要内容，也是体育专业篮球教学的重点之一。

现代联防战术的特点是防守队员随球的转移而积极地移动和协防，位置区域分工明确，对有球区以多防少、无球区以少防多，因此有利于内线防守、组织抢篮板球和发动快攻。但由于各种形式的区域联防都存在一定的薄弱地区，容易被对方在局部区域形成以多打少而陷于被动。

（一）区域联防战术阵形

区域联防的形式依据五名防守队员在防守的半场所占据的位置来命名的，常用的形式有"2—1—2""2—3""3—2""1—3—1""1—2—2"。不同的区域联防布局有其优势，也存在着防守的不足。

1."2—1—2"阵形

"2—1—2"阵形是区域联防最基本的形式，特点是五名防守队员在场上的分布位置均衡，队员之间的移动距离较近，有利于彼此间的相互呼应协作，便于控制限制区与对篮下的防守，还可以根据对手的攻击方法及时改变防守阵形。

2."2—3"阵形

"2—3"阵形有利于对篮下、底线、场角队员的防守，能够有效地控制和协防篮下内线进攻队员和篮板球的拼抢。

3."3—2"阵形

"3—2"阵形能有效地对外线队员进行控制，有利于防守的外线队员中远距离投篮，有利于抢获篮板球后快攻的发动。

4."1—3—1"阵形

"1—3—1"阵形可以有效地加强正面、发球区及其两侧的防守，队员之间可以形成有机的练习，有利于相互之间的协防、呼应，阻断了进攻队员传接球之间的联系，在场角区域可以形成夹击，强化了防守的整体性。在防守整体移动速度足够快速的情况下,"1—3—1"阵形体现出很强的伸缩性,防守的范围也进一步扩大,延伸到三分线外,甚至在比赛中出现了防守到中线附近的"1—3—1"阵形,更好地表现了此阵形防守的伸缩性、攻击性。

5."1—2—2"阵形

"1—2—2"阵形的主要特点是加强了对外线队员的防守,特别是对中路运球突破的队员和三分线弧顶两侧投篮的队员能形成有效控制,对罚球线接球进攻的队员可以形成包夹。

区域联防由于受防守者防守区域分工的限制,每一种区域联防的防守形式都会存在一定的薄弱区域。进攻队就可以在落位时或在移动配合中占据这些薄弱区域,在局部地区形成人员上的优势,以多打少。因此,任何固定形式的联防都很难完全适应当代篮球竞技比赛的要求。现阶段,区域联防的队形已从原来单一、固定的形式向随着进攻队战术落位的变化而变化的方向发展。比赛中最基本的防守阵形为"2—1—2"与"1—3—1",以此形式为基础,变化为其他形式的区域防守。

攻守技术、战术的提高以及竞赛规则增加的三分球规定促进了区域联防的发展,防守队形从固定变为不固定,从而形成"一对一"的对位联防,加强了区域联防的针对性。同时,在区域联防的运用中,也普遍遵循并贯彻"以球为主"的防守原则,做到球、人、区三者兼顾,扩大了每名防守队员的控制范围,强调与同伴的协防以及夹击等防守技术的运用,进一步加强了区域联防的集体性、伸缩性和攻击性。区域联防的发展,使它在现代篮球比赛中仍然作为一种有效的防守战术而广泛运用。

(二)区域联防的战术要点

1.攻守转换之际,积极堵截对方发动快攻

当由进攻转入防守时,应积极阻止对方发动快攻,防守队员立即组织干扰一传和接应,"堵中路,卡两边",伺机抢断球,控制对方的进攻速度,随后迅速退回后场,按照战术部署形成联防阵形。

2. 守区防人，随球移动，加强区域间的协同配合

根据本队的防守策略和防守特点以及场上队员的身体技术特点，合理分配防守的区域和布置防守阵形，处于篮下的队员应该是身材高大、善于拼抢篮板球、补防能力较强的队员。在区域防守分工的基础上，队员之间应高度协同，强调队员之间的协同防守和区域之间的有机联系。根据对方进攻方式的变化，及时调整防守阵形，从而形成具有连续性、整体性和攻击性的全队防守体系。

全队随球而动，"人、球、区"兼顾。要加强对有球侧和进攻威胁较大区域的防守。具体要求：在本防区内，对有球队员要按照盯人防守的方法进行防守，根据持球人的进攻特点，有针对性地盯人防守；对场角持球队员，要侧重防守底线，严防对手从底线运球突破；对不持球的队员，要贯彻"以球为主，人、球、区兼顾"的原则；防守无球队员，在近球区，除防守本防区的无球队员外，还要协助同伴防守持球队员的运球突破，在远球区，在防守无球队员背插、溜底和纵切的同时，对向有球一侧移动的队员要积极协防，同时向篮下回缩，加强篮下的防守，还要随时抢断对方的"越区"长传球。当进攻队员在篮下接到球时，临近的防守队员要协助包夹篮下持球进攻队员，当球传到外围时，防守队要根据球的位置及时回撤，合理调整防守队形和布局。

二、区域联防教学与训练

（一）区域联防教学与训练建议

第一，区域联防要有个人防守和人盯人防守的基础，所以应安排在攻防人盯人全队战术之后，以"2—1—2"区域联防作为教学的重点内容，在此基础上学习其他形式的联防阵形，并将区域联防教学训练与快攻和进攻区域联防有机结合起来。

第二，应简明扼要地讲明区域联防战术的特点、战术意义和运用时机，应重点分析"2—1—2"区域联防协同配合的具体方法，明确防守队员的职责与位置要求。在讲解时充分利用挂图、战术沙盘、录像剪辑等直观教具，便于学生获得全面完整的战术概念。

第三，在掌握战术原理，明确防守阵形、战术特点与应用时机之后，进行分区、局部的分解练习，待局部配合熟练后，逐渐过渡为完整的战术配合。完整战术配合练习中，要将抢篮板球和快攻反击纳入区域联防的战术训练中，提高学生完整的战术意识和攻守转换能力。

第四，练习过程中，先进行区域分工的练习，即要求队员随球移动选位，该练习要限制进攻队员的行动，规定其只能传球，不能突破和投篮。

（二）教学重点与难点

1. 区域分工与职责

守区防人、随球移动是区域联防战术的基本特征。任何形式的区域联防都是每个防守队员各守一定的区域，并以防守该区域的进攻队员为基础进行的分工配合，进而在此基础上演变为不同的防守阵形。每一处区域的防守队员都有具体的职责和任务，要求在积极控制自己区域的对手的同时，与同伴协同防守，做到防球为主，人、球兼顾。在教学中应使学生明确和掌握不同防守阵形中各个区域的分工和职责。

2. 以球为主，人、球、区兼顾，协同配合

区域联防使用一定的阵形，充分利用区域的布置，防守队员随球移动，随着球的转移不断调整位置，形成在强侧防守时人数上的优势。要求不仅对本区的人和球进行防守，还要对其他区域进行协防，每一名防守队员在负责自己区域的前提下，积极主动地与同伴协同配合，发挥全队的整体防守优势。

三、进攻区域联防

（一）进攻区域联防概述

伴随着区域联防战术的发展，进攻区域联防的战术方法和手段也得到了不断的丰富和完善。进攻区域联防是篮球竞赛进攻战术体系的重要组成部分，由于区域联防战术运用的普遍性，进攻区域联防已成为各级球队必须掌握的一项全队进攻战术方法，也是篮球战术教学的重要内容。进攻区域联防是针对区域联防的特点，抓住其防守中的薄弱环节，

在个人与两三个人配合的进攻策略与方法的基础上发展起来的全队进攻战术。

进攻区域联防是在掌握区域联防的特点和规律的基础上，针对防守阵形的薄弱环节，结合本队的具体情况所组织的具有针对性的进攻战术配合。进攻区域联防战术的特点是采用与防守队相对应的进攻队形，占据其薄弱环节，明确攻击的原则和重点，有组织地针对性进攻。经常采用"球动""人动"调动防守，打乱防守阵形，在局部地区创造以多打少的进攻机会，因此，要多利用策应、溜底线、背插、掩护、突分等个人或集体配合破坏对方防守的整体布局，创造好的投篮机会。同时，注意内外结合，提高中远距离投篮命中率，扩大进攻区域，增加攻击点，迫使对方拉大防区，趁机组织中区策应，破坏防守的整体性；强化对篮板球重要性的认识，积极组织拼抢前场篮板球，力争补篮或者组织二次进攻。

（二）进攻区域联防战术队形

进攻区域联防战术的使用是基于联防防守阵形而定的，常用的形式有"2—1—2""2—3""3—2""1—3—1""1—2—2"。可以依据突前防守队员的人数把前两种阵形称为"偶数联防"，后三种阵形称为"奇数联防"，相应的，进攻联防战术也可以根据上述两类防守阵形来划分。

对于"2—1—2"与"2—3"两种"偶数联防"来说，虽然在防守阵形上有区别，但在实际运用之中是很难明确区分开的。"2—3"联防在篮下和底线加强了防守力量，但在高位和两翼的外线却是防守的薄弱环节；"2—1—2"联防虽说阵形均匀、位置均衡，但同样在高位和两翼的外线是容易被对手攻破的薄弱区域。两种阵形共有的特点是，防区后面的队员一旦轮转换位到别的区域，那么低位区域就很容易被对手攻击。针对其防区的弱点，进攻"偶数联防"采用的攻击阵形主要有"1—2—2"与"1—3—1"。

"3—2"与"1—3—1"两种"奇数联防"虽然加强了正面和发球区的防守力量，有利于对外线投篮和限制区两侧进攻的限制，但篮下和场角的防守是其薄弱环节。因此，在面对这类联防时，采用的进攻阵形是

"2—2—1"与"2—1—2",进攻的重点是两个场角和篮下的限制区附近。

总之,进攻区域联防的战术队形是针对区域联防队形而采用的相应进攻队形,其基本要求是进攻队员不要与防守队员一对一站位,应占据防守的薄弱区域,在局部地区形成以多打少的优势,根据队员的身体与技术特点与专长,合理地部署队员,并保持队形的攻守平衡。

(三) 进攻区域联防战术要点

第一,根据防守阵形与本队队员的身体、技术特点与专长,采用有针对性的进攻队形,要充分利用防守队员之间的空隙,在两名防守队员之间要有人站位,占据联防的薄弱区域,在局部地区集中优势兵力,形成以多打少的有利局面。

第二,快攻是进攻区域联防最积极有效的办法,由守转攻时,在联防防守阵形尚未布置好之前的快速攻击,会使联防的整体性不能有效发挥。因此,攻守转化时,在对方尚未完全退到后场,或者没有组织好防守阵形之前即展开攻击。

第三,以人位移动调动防守,占据有利位置。通过人的有序移动,让队员特别是外线队员在防区内反复穿插,给防守造成局部负担过重,在局部区域形成以多打少的局面。区域联防防守队员有着相对固定的防守区域与责任划分,进攻队可以通过有目的地移动在某一区域集中相对较多的人员,形成防守方在该区域的防守负担过重,从而造成人员上的优势,形成以多打少的局面。

四、进攻区域联防教学与训练

(一) 进攻区域联防教学与训练建议

第一,应通过多种方法与途径清楚、准确、全面地阐述全队进攻区域联防战术阵形与配合方法,使学生建立完整的战术概念。

第二,进攻区域联防战术教学应安排在攻防人盯人战术之后进行,此时,学生具备了一定的整体战术意识与基础战术配合的能力,能较为容易地根据区域联防战术的特点,运用基本战术配合和穿插移动组成全队战术行为；还应与区域联防防守战术教学相结合，使进攻战术教学更有针对性，并与学用结合，巩固提高。

第三，教学内容应以"1—3—1"阵形落位进攻"2—1—2"区域联防为重点，在此基础上学习其他配合方法。

（二）教学重点与难点

1. 教学重点

根据高职院校篮球教学本阶段的教学任务要求，重点学习"1—3—1"落位进攻"2—1—2"区域联防，反复练习，并在此基础上进行基本应变。

2. 教学难点

（1）战术教学与技术练习的结合

传球、中远距离投篮与其他基本技术是进攻区域联防战术的基础，技术训练提高与战术教学相结合才能达到良好的教学效果。

（2）战术应用的变化

战术的规划是具有一定的层次与套路的，但在竞赛实践中，战术是千变万化的，掌握这些变化并适时合理应对是教学和训练的重点。

第六章 高职院校篮球体能与心理训练

第一节 高职院校篮球运动的体能训练

一、力量与速度素质训练

随着高职院校篮球技术、战术水平的不断提高，场上攻防速度越来越快，对抗日趋激烈，学生只有具备良好的专项身体素质，才能在激烈的比赛中立于不败之地。学生的专项身体训练要紧密结合篮球专项运动的特点，要根据技术风格及学生的年龄、性格、特点、不同训练阶段等情况，在各种素质训练安排上有所侧重。在训练中必须全面安排、突出重点、严格要求、常抓不懈，将各项素质训练安排到各个阶段的教学训练中。

（一）篮球力量素质训练

1. 力量素质概念

力量素质是各种运动项目的基础，在体能训练中普遍受到重视。学生力量训练主要通过负荷强度、练习密度、运动量和练习间歇时间实现。训练结构的不同组合对力量训练的效果不同，肌体所出现的适应性反应也不一样。一个人肌肉力量的大小受很多因素的影响，如肌肉的生理横断面积，神经肌肉的协调性，肌肉受刺激的强度，参加收缩运动单位的数目，收缩前肌肉的初始长度等。经过训练的学生参加收缩的肌纤维数可达90%以上，而一般的人只有60%左右。

力量训练具有年龄特点，15岁以前自然增长率年均为9%；15～18岁可达12%；14～17岁增长率最快，称为快速增长期。男子到25岁，女子到 20 岁就达到了个人顶峰，以后进入维持期。抓住力量增长敏感期进行力量训练可以达到事半功倍的效果。

2. 力量素质练习方法

(1) 发展手指、手腕力量

①手指用力抓空练习。

②两人一球，用单手手指互相推球（手指自然分开，用手指的力量推球）。

③两人坐着用指腕力量传篮球或实心球练习。

④左、右两手互相对抗用力抓夺篮球练习。

⑤提高手腕、小臂力量。

练习：双手握杠铃杆，直臂做快速屈伸手腕练习。

(2) 发展上肢力量

①负重推举：两人面对面站立，距离适中，互相推手。

②卧推：两人一组，一人仰卧，另一人用体重适量下压让同伴推起。

③两人一组，一人侧平举，另一位同伴用力压手腕对抗练习。

④负重伸屈臂练习。

⑤躬身负重，伸屈臂提拉杠铃练习。

(3) 发展腰腹力量

①仰卧举腿、仰卧挺身练习。

②利用杠铃负重转体、挺身练习。

③跳起空中收腹、手打脚、转身、空中传球或空中变化动作上篮练习等。

④单、双脚连续左右跳过一定高度练习。

(4) 发展下肢力量

①徒手半蹲或背靠墙半蹲练习。

②徒手单腿深蹲、起练习。

③提高下肢肌力。

④壶铃深蹲、跳练习：两人一组背靠背、臂套臂，利用人的体重进行负重深蹲（或半蹲）跳前进。

(5) 发展全身肌力（循环练习）

①借助"跨栏架、强力腰带、加重球、沙坑"组合全面提高体能。在训练前充分利用田径场一头有沙坑的投掷区附近的地区做如下布置。

在一处成直线放置 7 个跨栏架（高度跳到 150 厘米、每个栏架之间距离约 80 厘米）。在与跨步平行位置的地上画出长度有 30 米距离远的两条起点和终点横线。在附近的两处地上分别平行摆放好 7 个加重球和 7 条强力腰带（两人一球一带）。在布置好场地、器材后要充分做好准备活动和全身肌肉的牵拉后再进行上述练习。

②借助跨栏进行跳、跨、钻练习。将全队分成两组，在跨栏架前成两路纵队站立，在教师发出"开始"口令后，第一组先做，第二组后做，然后慢跑回起点，每人对下面的练习均要求做两次。

双手抱头面对栏架连续高抬腿，交替大步跨过 7 个栏架。双手抱头背对栏架高抬腿，连续大步跨过 7 个栏架。先将 7 个栏架调成高低交替的（4 个高栏和 3 个低栏），然后两组列队，每人依次先用右腿跨过 1 个高栏后，再低身钻过 1 个低栏，如此连续跨过和钻过 7 个高、低栏。两组列队，每人依次连续用双脚跳过 7 个栏架（只允许前脚掌触地立即跳起，不允许前脚掌做调整后再跳起）。

③在 30 米冲刺跑区进行连续 10 次蛙跳和 15 米跨步飞跃跳、跑动练习。两组分前、后两列横队站立，进行以下练习。

两组分先、后次序依次进行连续 10 次蛙跳后慢跑回起点（每人 4 次）。两组分先、后次序依次进行连续 15 米跨步飞跃跳、跑，然后慢跑回起点（同样每人 4 次）。

④两人对面轮换向上、向后高抛球加重练习。两列横队（横向拉开、纵向对齐）后、两人相对为一组，持一个加重球，开始如下练习。

两人面对面相距 5 米站立，前排队员先双手持球下蹲，然后立即用力向上蹬腿、展腰臂和扣腕，将加重球向上高高抛起 8 次。两人背对距离 10 米远，同样由前排队员先双手持球下蹲，然后立即后跑，15 次后换后排队员同上练习。

⑤全队成两路纵队，分先、后顺序进行 5 次 30 米冲刺"比快"跑练习。两队平行的两人为一组，各组要按先、后顺序进行 5 次 30 米"比快"的比赛，采取 3 胜 2 负规则，输的做 5 个俯卧撑。

⑥借助沙坑进行"三级跳远"练习

同样在沙坑前 3 米处排成两路纵队，按平行的为一组，依次轮换进行 5 次"三级跳远"练习，结束全部练习。

3. 制约力量素质发展的因素

（1）神经强度

学生的神经强度越高，对肌肉发放的神经冲动和频率越强，肌肉中被调动的运动单位也越多，因而产生的肌力也越大。

（2）能量的物质特征

对力量素质影响显著的能量物质是腺苷三磷酸、肌糖原、蛋白质。腺苷三磷酸含量决定力量的速度特征；蛋白质既是能量物质，也是肌纤维的重要组成部分，因此提高这些能量及其代谢能力对学生力量素质的发展具有关键作用。

（3）白肌纤维及比例

白肌纤维具有收缩速度快、收缩力强的特点，是力量素质表现的主要物质基础。白肌纤维在肌肉的比例中占优势，有助于速度力量和大力量的发展。通过极限或次限强度的力量训练，可提高白肌纤维的收缩质量。

（4）肌肉初长度效应

在一定范围内，肌肉的收缩张力随初长度的增加而达最高值时，肌肉转入收缩过程越快，产生的收缩力越强。因此肌肉初长度的适宜性对力量素质的影响很大。

（5）雄性激素的影响

男、女在力量素质上表现出显著差异的重要原因之一是雄性激素的作用。雄性激素是人体蛋白质合成的重要激素，有助于增加肌肉中蛋白质的含量，提高肌肉质量。

4.速度力量训练的负荷控制

爆发力的发展取决于两个条件：加快肌肉的收缩速度；提高肌肉的收缩力量。爆发力根据肌张力程度及动作表现形式可细分为强直性爆发力，如举重类力量；弹跳性爆发力，如投掷类力量；反弹性爆发力，如跳跃性力量。三种爆发力的发展训练是有差异的，第一种是保持肌肉收缩的前提下，通过提高最大力量促其发展；第二种是以一定的力量为基础，通过提高肌肉收缩速度促其发展；第三种是在尽量加快肌肉拉长再收缩的时间前提下，发展肌肉最大张力和收缩力促其发展。因而，安排训练负荷应有针对性。

（二）篮球速度素质训练

1.速度训练的目的与任务

速度素质在学生的身体素质中占有特殊重要的地位，良好的速度素质是学生在比赛中取得时间和空间优势的重要因素，也是学生在比赛中技术、战术运用能否奏效的决定性因素。

篮球速度训练的目的任务就是根据篮球特点对学生速度素质的专门要求，采用有针对性的速度训练手段和方法，以全面发展学生的速度素质，从而确保学生的篮球技术动作的结构特点与速度要素的发挥程度相吻合，使学生的速度能力在比赛中得到充分发挥。

2.速度训练的理论基础

速度素质是指人体进行快速运动的能力。包括人体对刺激快速反应的能力和快速完成动作的能力以及快速位移的能力。

速度素质按人体在运动中的表现形式分为反应速度、动作速度和位移速度。反应速度的快慢取决于信号通过反射弧各环节所需的时间以及条件反射的巩固程度（即完成技术动作的熟练程度）。动作速度的决定因素有肌肉中块肌纤维百分数及其肥大程度；肌纤维的兴奋性；完成技术动作的熟练程度。位移速度的决定因素有肌肉中块肌纤维百分数及其肥大程度；运动神经中枢兴奋与抑制的转换速度；肌肉的伸展性和弹性；各中枢之间的协调性，条件反射的巩固程度。

篮球技术动作是在瞬间变化中表现出各种不同的时空特征。仅仅是简单的判断反应不能适应这种瞬息万变，必须事先从时空特征上判断某一动作的出现，从而提前采取相应的对策，显然这种判断是有概率的，提高这种概率的正确性就是改善学生反应速度的重要方向。

篮球运动技术具有快速突然性，因此其供能特点是无氧供能，快肌纤维比慢肌纤维在无氧供能时转换的 ATP 更多，功率更大，快速肌肉收缩所完成的技术才更快。篮球技术动作过程是肌肉有序的收缩用力，技术动作在比赛中是在对抗下完成，因此在发展速度素质的同时，还需发展最大力量和快速力量，提高动作速度的爆发力。

发展学生篮球运动的位移速度必须提高影响位移速度的动作频率和动作的幅度。动作频率最受神经过程灵活性影响，动作幅度与肌肉的伸展性和弹性相关。同时还必须使速度要素与反应起动、加速等与篮球技术动作环节相适应。

高职院校篮球速度训练中，采用高负荷强度短距离的重复练习及相关的力量、耐力、柔韧训练，可提高学生运动神经中枢兴奋与抑制的转换速度，增大肌力及肌肉的伸展性和弹性，改善各中枢间的协调性，以提高学生的移动速度。

3. 速度素质的训练安排

篮球速度的训练应符合篮球比赛对速度素质的要求，合理地安排速度训练的内容，选择有效的手段和方法，全面提高学生的反应速度、动作速度和位移速度。

篮球速度训练的安排应遵循以下几点。

（1）要科学地安排训练内容

其内容分为发展反应速度、动作速度、位移速度的训练。发展反应速度的训练，应经常利用突然发出的视、听信号进行重复练习；按信号做选择性练习；进行移动目标的练习。发展动作速度的训练，应采用与篮球比赛动作相似并能高速完成的动作进行重复练习；采用视、听信号等外界刺激,加快动作速度和简单的练习;运用负重做专门的动作速度练习;根据篮球比赛的时空要求,缩小时间和空间界限提高动作速度的练习。发展位移速度的训练,应采用重复的训练,每次练习的强度通常为85%~100%,持续时间不宜超过10秒钟,重复的次数和组数以不影响强度的保持为限,并注重发展腿、腰、腹部位的力量训练,促进学生移动速度的强度。

(2) 要把快速跑动与篮球技术动作练习衔接协调起来

确保学生在运用技术过程中不降低跑动速度;速度练习中的技术的难度不宜过大,必须将注意力放在提高速度上。

(3) 要有针对性

发展反应速度的练习要与加强观察力、时空判断能力的训练密切结合;发展动作速度的练习,需注重增强肌肉的可塑性、可伸展性及肌肉内部和肌肉群间的协调性;发展移动速度练习,则需注重提高学生的非乳酸无氧供能能力。

(4) 要根据训练任务合理安排速度训练的顺序

在周期训练中,篮球速度训练应尽量安排在训练准备前期;在各素质训练的安排中,速度素质应安排在力量和耐力素质的前面,以确保学生在较好的体能和精神状态下完成速度练习的量和强度。

4. 速度素质训练方法的选择与应用

首先,高职院校篮球速度素质训练的主要手段分为各种专门性练习、各种起动跑练习、篮球移动技术中各种跑的练习、结合球的速度练习。各种专门性练习,包括小步跑、后踢腿跑、高抬腿跑、左右侧交叉步跑、跨跳步跑结合、加速度跑、跑台阶、上下坡跑和牵引跑等,可以提高学生的位移速度。

其次,发展速度素质在实施过程中,大多与篮球技术训练结合起来进行组织。

二、灵敏与耐力素质训练

灵敏素质是学生的运动技能和各种素质在运动过程中的综合表现。

耐力素质通常理解为人体长时间抗疲劳的能力，是衡量身体健康水平的一个重要指标，是从事运动的基础。教学实践中发现，学生身体素质和健康水平与以往相比呈下降趋势，由此提出教学中应合理、有效地进行耐力素质训练，从而使学生强身健体，终身受益。

（一）篮球灵敏素质训练

1. 篮球灵敏素质训练的目的与任务

现代篮球运动对抗激烈，快速多变，这就要求学生具备良好的判断能力和反应速度，并在比赛的各种复杂变换条件下能够迅速、准确协调地做出应答动作。良好的灵敏素质有助于学生掌握各种复杂技术、战术和提高场上的应变能力，对学生进行篮球运动有着重要作用。

篮球灵敏素质训练的目的就是在全面提高与灵敏素质相关的反应速度、柔韧性、爆发力，改善肌肉的弹性和关节、韧带的伸展性的基础上，使学生的各种素质能力均衡、协调发展，以提高学生的灵敏素质。

2. 灵敏素质训练的理论基础

灵敏素质是指在各种突然变换的条件下，学生能够迅速、准确、协调地改变身体运动的空间位置和运动方向，以适应变化的外环境的能力。

灵敏素质是一种综合素质，与人对空间位置和对时间感觉的能力有关，也与速度和力量等素质的发展有关。灵敏素质的影响因素有大脑皮层神经过程的灵活性；力量、速度、耐力、弹跳、柔韧等素质的能力；时空判断能力与反应速度；运动技能掌握的数量和熟练程度以及年龄、性别、体重、疲劳程度等。

神经过程的灵活性高，兴奋与抑制的转换速度快，神经系统对人体各种复杂的移动用力程度及其控制能力就高，在身体素质良好全面的基础条件下动作的快速性、准确性和协调性就好。学生的灵敏素质的训练就是要提高球感、动作感以及提高球的速度、力量、距离和各种篮球技术、战术时空特征的综合信息量，增加传入强度，提高各种感受器对微弱信息的感受能力。发展篮球灵敏素质的训练应在各种复杂变化的训练和比赛条件下进行，将各种时空特点通过信息加工，与大脑皮质建立联系，形成固定的动作反应，从而提高反应的灵敏度。同时，各种信息所建立的神经联系越多，神经过程的灵活性就越高，各种应变性条件反射就越快。因而在篮球训练和比赛中，熟练掌握各种篮球技术、战术的数量越多、质量越高，灵敏素质则越好。

同样，身体素质的均衡发展，对保持正确的动作用力，克服阻力条件下快速灵活地完成动作也有一定作用。例如，反应速度、起动速度、加速度、弹跳素质都对灵活性有重要影响；长时间的激烈运动要以耐力素质作保障，否则，运动中过早出现疲劳就会引起神经系统保护性抑制，出现反应迟钝、动作迟缓。

3. 灵敏素质的训练安排

篮球灵敏素质的训练应符合篮球对灵敏素质的专门要求，科学合理地安排好教学训练的内容，选择有效的手段和方法，以提高学生的灵敏素质。

篮球灵敏素质训练的教学安排应遵循以下几点。

第一，学生的灵敏素质的训练应根据训练任务的要求，有计划地设计复杂的运动环境，并在训练中针对变化的条件发展相应的运动技术和技能，以提升学生技术运用的灵活性和应变能力，达到提高学生灵敏素质的目的。

第二，篮球灵敏素质训练的安排，通常练习负荷强度较大（极限负荷的60%～85%），持续时间较短（1分钟以内），练习重复次数较少（3～5次），练习应安排在每次课精力最充沛的阶段，以便提高学生的练习效果。

第三，篮球灵敏素质训练的教学安排中应注重加强视野、观察力、脚步移动能力和手控制球、支配球能力的训练。

第四，发展篮球灵敏素质的训练可安排换项训练内容，以培养学生在新异和复杂环境下的主动性、创造性，达到提高灵敏素质的目的。如采用足球练习提高脚步的灵活性，采用排球练习发展弹跳的爆发力。

4.灵敏素质训练方法的选择与应用

篮球灵敏素质训练的主要手段如下。

第一,按教师发出的视、听信号,做各种滚翻,并结合起动快跑的练习。

第二,两人一组做影子练习,即一人做动作,另一人模仿;一对一进行各种追逐、闪躲练习。

第三,脚步、腰、胯的灵活性练习,将各种脚步动作组合成综合练习,在全场进行练习,按教师发出的视、听信号迅速改变动作。

第四,结合球的灵敏练习,接不同方向、不同距离、不同速度及不同位置的困难球;在篮球场上做各种变向运球移动的组合练习(如体前变向、胯下、背后、后转身等变向跑运球)。

第五,各种篮球基本技术、战术基础配合的对抗练习(一攻一、二攻二、三攻三等),并结合攻守转换的练习。

发展篮球灵敏素质实施过程中,应根据训练课的任务,从综合训练的实际出发交替安排训练的内容和练习方法。

(二)篮球耐力素质训练

1.耐力素质概念

耐力是指人体长时间坚持的能力。耐力素质是学生的重要素质。耐力素质按学生氧代谢特征,可分为有氧耐力和无氧耐力;按耐力素质与学生的关系,可分为一般耐力和专项耐力。而按一般耐力和专项耐力的分类体系研讨耐力训练的方法,更适合于篮球运动训练的实际需要。

学生必须具备很好的耐力素质,才能在比赛中始终保持充沛的精力和旺盛的斗志,才能保证技术、战术水平的正常发挥。现代篮球比赛需要在长时间、高速度移动、激烈对抗中完成各种复杂动作,对耐力特别是专项速度耐力提出了很高的要求。因此,一定要在耐力训练中采用重复多、密度大、间歇短的大强度和高速度的训练方法,提高学生神经系统的稳定性,增大肺活量,促进心血管系统的功能。

2. 耐力素质练习方法

(1) 发展一般耐力素质

提高一般耐力的基本途径是提高学生的摄氧、输氧及用氧能力，保持体内适宜糖原和脂肪的储存量以及提高肌肉、关节、韧带等运动器官对长时间负荷的承受能力。

发展一般耐力经常采用持续匀速负荷、变速负荷的方法。负荷强度一般应控制在接近无氧代谢阈的强度，心率控制在160次/分左右。训练时应注意正确处理负荷强度、数量（距离、时间）及休息三者之间的关系。可采用中长跑、越野跑、爬山等方法进行。短距离的训练方式有30米、50米、100米反复冲刺跑，随着学生训练水平的提高，每次跑的间歇时间可逐渐缩短。

(2) 发展专项耐力素质

专项耐力是学生在比赛或训练中所要求的时间内坚持高强度工作的能力。学生的无氧耐力水平取决于其氧代谢状况、能源物质储存情况以及运动器官对长时间大强度工作的承受能力。

学生在发展专项耐力的训练中，要特别注意专项代谢特点，科学、合理地安排训练。发展篮球速度耐力训练，一般以发展非乳酸性无氧耐力为主，采用强度95%左右，心律达180次/分的训练方法，重复组数可达5~6组。发展乳酸性无氧耐力时，负荷强度可控制在本人可承受最大强度的85%~95%，心律在160~180次/分之间，负荷时间可控制在1~2分钟之间，间隙时间要逐渐缩短，如第一次与第二次跑之间的休息时间为7~8分钟，第二次与第三次跑之间的休息时间改为5~6分钟。篮球耐力训练中要注意安排长时间专项对抗练习，或加大防守和进攻技术训练的强度，以提高学生在疲劳情况下运用技术、战术的能力。

3. 制约耐力素质发展的因素

(1) 神经过程的稳定性

神经过程持久的稳定意味着神经机能高度的抗疲劳能力，在运动后期，这种能力将直接影响肢体活动的稳定性。

(2) 能量物质的储量

人体内的能量物质，尤其是糖原、游离脂肪酸的储备是决定耐力水平的重要因素。

(3) 最大摄氧量水平

最大摄氧量是衡量有氧耐力的客观指标。氧气是人体内能量物质氧化释放能量的重要基础，氧供应情况直接影响物质的放能水平。改善心血管系统功能的关键是提高最大吸氧量。

(4) 红肌纤维及比例

红肌纤维是耐力素质的重要物质基础。红肌纤维具有不易疲劳、持续收缩时间长、呼吸氧化能力强的功能。红肌纤维的比例与最大摄氧量水平呈正相关。

(5) 人体负氧债能力

学生负氧债的能力越高，在氧供应不足的情况下，越能保持较高负荷强度的持续运动能力。

(6) 意志品质程度

意志品质程度越高，克服疲劳的毅力越强，机体的抗疲劳性越大。

4. 长时间耐力训练的负荷控制

长时间耐力训练的负荷性质主体是有氧负荷，负荷安排应体现有氧供能为主、无氧代谢为辅的特点，并以提高机体糖原储量、糖的有氧分解能力、最大吸氧量、游离脂肪酸含量及供氧化能力为目的。

长时间耐力训练负荷安排的一般原则可分为几点：第一，长时间一级耐力的训练平均负荷应以中等强度为主，心率保持150±5次/分的水平，每次练习的持续时间一般为8～15分钟，间歇时间要充分。第二，长时间二级耐力的训练平均强度为偏中低水平，心率保持在150±5次/分的水平，每次练习的持续时间一般在15～30分钟，间歇时间要充分。第三，发展长时间耐力多采用持续训练法和间歇训练法。

三、柔韧与弹跳素质训练

众所周知,弹跳素质对于学生来说至关重要,弹跳技术决定学生是否能很好地运用扣篮技术,而扣篮技术水平直接影响比赛成绩,因此,要重视柔韧与弹跳素质训练。

(一)篮球柔韧素质训练

1. 篮球柔韧素质基本训练方法

(1)两手手指交叉相握,手心向前做压指、压腕动作;手臂向下、向前、向上充分伸展;身体向左或向右充分伸展。

(2)两臂做不对称大绕环转肩动作,在背后一手从上往下,另一只手从下往上,两手在背后做拉伸练习。

(3)并腿直立,上体前屈,手摸脚或地面;或身体侧转用手摸异侧脚脚跟。

(4)两腿开立,髋关节向前送,手摸脚跟。

(5)两腿前后开立,两脚跟着地做弓箭步向下压腿。

(6)左右弓箭步练习,手放在脚上,连续左右弓箭步练习。

2. 篮球柔韧素质训练注意事项

(1)循序渐进,持之以恒

在开始进行柔韧性练习时会有强烈的痛感,只有长期的坚持才能起到应有的效果,因此,学生必须具有坚定的毅力,持之以恒,使身体逐渐适应。

(2)柔韧素质的发展要兼顾相互关联的身体各个部位

在训练时应循序渐进,使柔韧性逐步得到提高。学生的柔韧性是身体各个部位的整体的柔韧性,在练习时应该注重各个部位之间的关联性,使整体的柔韧性协调发展。

(3)柔韧素质练习要注意外界环境

外界环境对于人体的柔韧性具有一定的影响,当温度较高和较低时,都会影响柔韧性的发展。科学实践表明,当外界温度在18℃时,人体各部位肌肉伸展状况到达最佳，最适合柔韧性的发展。

（4）柔韧练习时要防止受伤

柔韧性训练是对人体的各肌肉和韧带的拉伸和伸展，如果训练的方法不当，可能出现拉伤事故。因此，柔韧性训练要注重训练方法的科学性，既要保证训练的效果，同时还要防止受伤。在进行柔韧性训练之前应该做适量的热身运动，在练习中避免用力过猛。

（二）篮球弹跳素质训练

1. 弹跳素质训练的目的与任务

弹跳素质是学生进行篮球运动的一项重要身体素质。学生良好的弹跳素质，不仅可以提高其争夺空间优势的能力，扩大控制攻守范围，而且能使其更好地掌握高难技术和完成复杂动作。

篮球弹跳素质的训练目的就是在发展一般弹跳素质的基础上根据篮球特点，改善学生的起跳技术，提高弹跳素质，使其在比赛的各种情况下发挥弹跳的最好效果。

2. 弹跳素质训练的理论基础

弹跳素质是指通过下肢和全身协调用力，使人体迅速弹起腾空的能力。篮球弹跳素质是学生在篮球比赛中争取高度和速度，即争夺空间控制权的能力。弹跳素质是一项综合素质，主要表现为下肢的爆发力，影响弹跳素质的重要因素有力量素质、速度素质和协调性。

在力量练习中采用大重量（80%、90%极限负荷），动作速度快、少次数的练习方法，可改善肌肉机能并提高股后肌群的力量和伸展性，从而提高下肢力量中的爆发力。

在速度练习中采用快速完成技术动作的重复练习，有利于改善神经中枢兴奋与抑制相互转化的灵活性，提高肌肉收缩速度，也有助于爆发力的增长。

采用模仿比赛实际情况的跳跃练习，有助于改善各种起跳技术，使学生在比赛中发挥出弹跳的最好效果。

3. 弹跳素质训练的教学安排

篮球弹跳素质的训练应符合篮球对弹跳素质的专门要求，科学合理地安排好教学训练的内容，选择有效的手段和方法，达到发展弹跳素质的目的。

弹跳素质训练教学安排应遵循以下几点。

（1）篮球弹跳素质训练的安排应以大强度、少次数、多组数的练习为主，每次之间的间歇时间要适当。

（2）篮球弹跳素质训练中应着重安排发展学生下肢肌群的力量素质练习，并注意提高学生肌肉的伸展性和弹性，以改善肌肉协调用力的次序。

（3）篮球弹跳素质训练中应尽量安排接近比赛实际情况的跳跃练习，以提高各种起跳技术；应多安排在对抗条件下的弹跳素质练习，以提高学生在起跳前或在空中身体的对抗能力和适应条件变化的空中应变能力。

（4）篮球弹跳素质训练的安排中应注重学生的起跳动作与起跳前的运球、接球等动作以及起跳后的投篮、抢篮板球、封盖和接、传球等动作衔接的训练。

4. 弹跳素质训练方法的选择与应用

第一，篮球弹跳素质训练的主要手段如下。

（1）跳台阶、跳凳、跳栏架、立定跳远、多级跳、连续深蹲跳、收腹跳和跳深等练习。

（2）跳绳练习。单、双摇跳，单、双脚双摇跳，规定时间和次数的跳等。

（3）原地或上步连续单脚或双脚起跳摸篮板或篮圈；行进间单脚起跳摸篮圈；移动中按信号突然用单、双脚向侧、前、后跳起做抢断球模仿动作等练习。

（4）一人一球，篮下原地连续起跳托球碰板；多人一组一球，依次在篮下一侧或两侧用单手和双手托球碰板若干次。

（5）跳起在空中抢篮板球转身—传球练习。

第二，发展篮球弹跳素质实施过程中，可多采用负重方法练习或其他辅助器械结合练习，也须安排与实际比赛运用的技术动作一致的练习。

第二节 高职院校篮球运动的心理训练

一、篮球运动中学生的动机

(一) 动机的内涵与功能

1. 动机的内涵

动机是在自我调节的作用下,个体使自身的内在要求(如本能、需要等)与行为的外在诱因(如目标、奖惩等)相协调,从而形成激发、维持行为的动力因素。动机具有"方向"和"强度"两个维度。"方向"与一个人目标的选择有关,即人为什么要做某件事;"强度"与一个人激活的程度有关,即为了达到某一目标,人正在付出多大努力。动机是个体的内在过程,行为是这种内在过程的结果。所谓运动动机,是指在自我调节的作用下,学生个体使自身的内在要求(如本能、需要等)与行为的外在诱因(如目标、奖惩等)相协调,从而形成激发、维持参与运动行为的动力因素。

动机的性质是多种多样的。不同性质的动机对人具有不同的意义,使人具有强度不同的推动力量。行动的方式、行动的坚持性和行动效果,在很大程度上受动机性质的制约。同样,学生良好的运动动机包括的内容也是多样的。例如,深信自己具有广阔的发展前景,相信通过艰苦的训练能达到较高的运动水平;使自己在获得成绩时能够稳定地定向,保持心理稳定状态;树立集体荣誉感,使自己能与团队所有的队员建立良好的关系,从而使团队成为一个团结的集体等。

2. 动机的功能

人的行动总是由某种原因所激发并指向一定的目标或方向。这种激发行动赋予行动以方向性的动力过程,就称为"动机功能"。运动动机对学生参加训练起着激发功能、指向功能、维持和调节功能。

(1) 激发功能

人的行为都是由一定的动机引起的,学生不会无缘无故地到篮球场进行训练。当他们从事篮球训练时，表明他们内心中一定产生了想要训练的愿望。当愿望达到一定强烈的程度时，就成为一种心理动力推动学生行动起来，投入篮球训练中，使学生由静止状态转向活动状态。这就是运动动机对学生参与运动训练的激发功能。

（2）指向功能

运动动机不仅能激发学生的运动行为，同时它还能使学生的运动行为具有稳固而特定的内容，将行为指向一定的对象或目标。例如，同样是在进行篮球训练，有的学生侧重对控球能力的培养，有的学生则侧重对投篮命中率的提高。这些差异都是学生运动动机的不同造成的。

（3）维持和调节功能

个体的行为通常要指向预定的目标，而预定的目标需要经过一系列的阶段性目标才能达到。学生在完成系列目标的过程中，运动动机对行为不但起激发、指向的作用，而且也能维持和调节学生活动的强度和持续时间，保证行为有序进行，最终使行为达到预定目标而不发生偏离。

良好的运动动机对学生的运动行为具有积极的推动作用，因此，应当培养和激发学生正确的运动动机，使运动动机的促进作用得到充分的发挥，同时还应认识到运动动机对学生行为的影响是复杂的，不适宜的动机会对学生的运动行为产生不利影响。教师在平时的训练过程中应当对学生运动动机的性质与强度做出准确的判断，当学生出现不良运动动机时，及时地进行调控，以促进学生更好地进行篮球训练。

（二）篮球运动中学生动机的培养策略

1. 合理运用强化手段

强化是指当学生出现可接受的运动动机时，给予奖励或者撤除消极刺激的过程。正确的强化，主要是从外部刺激动机的方法。如果运用得当，强化不仅可以激发学生的外部动机，也有利于学生内部动机的培养；如果运用不当，则可能既破坏内部动机又破坏外部动机。强化作用可分为两种，一种是积极强化，一种是消极强化。

积极强化是指学生出现特定的行为时及时给予奖励。这些奖励既可以是精神奖励（如教师的微笑、表扬等），也可以是物质奖励（如奖杯、证书等）。消极强化是指通过撤除消极的结果来鼓励学生的特定行为。例如，在篮球教学比赛前教师规定负方罚跑 2000 米，但是比赛结束后由于负方队员表现出色，教师决定免去罚跑，这种强化就是消极强化。在教学训练中，教师应合理运用强化手段，以便更好地培养和激发学生的运动动机。

2. 帮助学生树立切合实际的目标

在学生的动机系统中，目标作为诱因，是较稳定而持久的重要因素。目标设置直接关系到动机的方向和强度。正确、有效的目标可以集中学生的能量，激发、引导和组织学生的活动，是行为的重要推动和指导力量。合理的目标设置可以激励学生产生更好的任务表现。教师应帮助学生树立切合实际的训练目标，让他们的训练具有明确的目的和任务。

目标的树立既包括长期目标的设立，也包括近期目标的设立。长期目标具有一定深度的诱因，它要求学生对未来做更远的考虑。通过长期目标的设立，可以鞭策学生不断激励自己朝这个目标努力。通过近期目标的设立，可以督促学生踏实提高自己的技战术水平，最终实现长期目标。在制定目标时，教师一定要根据学生的现有水平来制定。在设置实现目标时必须考虑学生对目标的完全接受和认同，应设置经过努力可以实现的程度为好。

人的自信心受四种因素影响：过去成功的经验；对别人成功的了解；自我劝导及对自己当前生理状态的解释。其中最重要的就是第一点。成功就是目标的实现，学生所达到的目标越多，所体验到的成功感就越强，自信心也就越强。阿特金森研究表明，目标定的难度在成功确切率的 50% 以下时，训练成绩最好。

可见，目标定得过分容易，学生的活动动机就会降低；相反，目标定得过高，再努力也难实现，目标失去了诱因的作用，动机也就无从引起与激发。因此，将长期目标转化为现实的、具体的中期目标和短期目标对于学生来说是极其重要的。学生的训练目标越明确，努力的方向就越清晰,进行篮球运动训练的动机也就会越强烈。

3.向学生提供积极的反馈

学生在篮球训练中能够及时获得反馈信息,了解自己的技术水平、体能和健康状况的提高情况,有利于他们进一步激发参与篮球训练与比赛的动机。因为学生看到了自己的进步,会增加篮球训练与比赛的热情,增强努力的程度;如果看到自己的不足,会激起不甘落后、迎头赶上的上进心。

教师对运动结果的积极反馈,有利于强化学生的运动动机。积极的良性反馈,可以让学生看到自己锻炼的结果和进步,有利于增强自信心,提高锻炼的自觉性,找准努力的方向,使他们努力坚持下去,不断取得进步。而且,及时的反馈能使学生了解自己的弱点与不足,从而主动克服缺点,为争取好成绩而积极努力。

在篮球教学中,反馈的形式多种多样,例如,社会性评价、象征性评价、客观性评价和标准性评价等。在对学生的篮球训练和比赛提供反馈和评价时,教师往往要根据学生的进步或退步情况给予表扬或批评。表扬和批评都是以促进学生的努力和进步为目的的。在多鼓励、严要求和适当、适度批评时,要力争做到表扬学生的每一次进步,强化每一个努力;要针对不同年龄、性别和能力的学生进行表扬和批评,例如,对经常受表扬的学生,要适当地指出其不足,对能力较弱的学生,要通过及时表扬他们某一方面的点滴进步给予鼓励;要"对事不对人",尤其是将表扬和批评的重点放在学生是否努力方面,放在行为表现方面,放在成绩是否有所提高方面;要树立学生的评价标准,使他们逐步做到自我表扬和批评;要了解学生对所受的表扬与批评的理解和评价。学生将表扬和批评作为对自己的一种鼓励和帮助,则具有积极的效果;要公开表扬,私下批评,理智、慎重地使用惩罚,如能启发学生自我寻找成功或失败的原因和过程,启动他们的内部动机调控机制进行反思,则能将动机的外部控制转化为学生本身的任务定向的内部控制。

运用反馈原理激发和强化学生的运动动机,要坚持从学生的实际出发,以鼓励性评价为主。即使对学生进行批评也应该用诚恳的、积极的、建议性的语言，告诉学生改进的措施及努力方向，激励学生参与篮球运动的积极性。

二、篮球运动中学生的注意力

（一）注意的定义及功能

1. 注意的定义

所谓注意，是指心理活动对一定对象的指向和集中。注意的对象可以是客观存在的具体事物，也可以是自己的行动或思想。当一个人学习运动技能或是参加比赛时，其心理活动或意识总是指向和集中于一个对象上。例如，在学生学习一种新的技能时，眼睛总是一直盯着教师的示范动作，这时，学生的心理活动集中在教师所讲的内容上，在这期间学生无暇顾及其他事情。也就是说，注意是心理活动或意识朝向某一方向活动，对选择感觉输入的一部分信息做进一步加工。注意的对象是在变化的。例如，当周围传来了嘈杂的声响时，学生的注意力可能会从教师身上转移到这个出现的新奇刺激上。不过大多数情况下，人们可以有意识地控制这种注意的变化。

指向性和集中性是注意的两个基本特点，它们相互联系不可分割，是同一注意的两个方面。注意的指向性显示了人们的认识活动具有选择性。人们对认识活动的客体进行选择，如学生在听教师讲解动作要点时，其心理活动不是指向训练场里的一切事物，而是将教师的讲解从许多事物中挑选出来，并且将心理活动保持在教师的讲解上。注意的集中性不仅是指把注意集中在教师的讲解上，而且也是对与听课活动无关的活动的抑制，这样才能使教师的讲解更加鲜明和清晰。

2. 注意的功能

在竞技运动过程中，不论是哪种体育项目，也不论是教师还是学生都认为，注意力品质是直接影响学生技术水平提高和比赛获胜的重要心理品质之一。这与注意的功能是分不开的。注意作为一种复杂的心理活动，一般来说具有选择功能、维持功能、调节和监督功能。

(1) 选择功能

注意的选择性是指人在每一瞬间的心理活动或意识只能优先选取需要加工的对象,而忽略了其余的信息,人在任何特定的时刻都可以得到围绕着自己的无数刺激。对作用于各种感受器的种种刺激,只有加以注意,才能选出那些有意义的符合人们需要的刺激。例如,在运动技能学习的初期,学生的注意力范围非常狭窄,他们只能注意到局部动作的基本要领,而往往忽略了动作与动作之间的连接。如参加篮球比赛的学生为了在比赛中获胜,就必须对相关信息进行优先选择,对无关信息加以排除。这些都是注意的选择特性。活动任务的特点、难度和意义决定着注意选择的标准。

(2) 维持功能

注意不仅使心理活动指向一定的对象,而且还能使心理过程集中于该对象上。在注意状态下,个体的唤醒水平达到并保持一定水平,这将有助于提高其活动效能。例如,当学生听教师讲解动作时,其注意力集中在听教师说话的声音,并不时做出点头的神情,这时,其血液循环系统和呼吸系统都可能发生变化。身体的这些变化有助于提高个体感官的感受性,并能够动员全身的能量来应对个体面临的任务。从外界获得的感知信息,从记忆中提取的信息只有加以注意才能保持在意识中或进行精细的加工,转换成更长久的形式储存在记忆中;如果不加以注意,这些信息就会很快消失,任何活动都无法完成。

(3) 调节和监督功能

在注意状态下,人们常常将自己的行为和一定的目标进行比较,并通过反馈的信息相应地调节、监控自己的行为,使之与目标一致。一旦活动偏离了预定的方向或目标,人就会立即发现,并且及时地进行调整,以保证活动顺利完成。这就是注意的调节和监督功能,它是注意最重要的功能。由此可见,注意对篮球训练或比赛具有十分重要的意义,它可以保证学生能够及时地调整自己的心理活动,使心理活动指向并集中于对训练或比赛有益的刺激上,从而使自身更好地适应环境,提高训练或比赛的成绩。

(二) 注意规律在篮球运动训练中的应用

1. 运用注意规律组织篮球训练

在篮球训练过程中，气候和环境复杂多变，许多外在和内在的无关刺激不断干扰着学生的正常训练，很容易导致学生注意力的分散。只有注意力集中，学生才能全神贯注于教师的讲解和示范，领悟才能迅速，印象才会深刻。如果教师在教学过程中能有效地运用注意规律组织教学，教学活动就能更好地进行下去，训练效果也会得到进一步地改善。

（1）运用无意注意规律组织教学

①有效预防刺激因素的干扰。教师在组织篮球教学时，在教学环境方面应尽量避免各种与教学无关的刺激影响，保持一个安静的教学环境。外界的无关刺激物随时可能出现，刺激物之间的任何显著差异都容易引起学生的注意。在课前，教师应精心布置场地与器材；讲解动作时，语言要生动形象、富有激情；学生一旦出现注意力分散的现象，及时对其进行提醒，引导学生集中注意力。

②制定符合学生实际的教学内容。教师在制定教学内容时，应充分考虑学生已有的知识经验。凡能满足学生的需要、激发学生的情感、符合学生年龄特征和个性倾向的事物都能吸引学生的无意注意。教材内容的安排要循序渐进、力求新颖，并具有一定的思想性、科学性和娱乐性。必要时可以通过一些篮球游戏的形式使学生产生兴趣，引起注意。

③合理安排运动负荷，防止过度疲劳。在篮球训练中，身体练习对学生的生理和心理产生的刺激或压力的总和就是运动负荷。教师应根据学生的年龄和心理活动变化规律，把握每节课的运动负荷。

（2）运用有意注意规律组织教学

①使学生明确训练的目的和任务。有意注意是一种自觉控制的注意，它服从于一定的目的和任务。学生对训练的目的和任务越明确、越深刻，有意注意的能力就越强。在教学过程中，教师应提出具体的目的、要求、内容及具体方法，让学生切实地感受到集中注意对完成训练

的重要性，并懂得如何正确集中自己的注意，以此提高篮球训练的效果。

②培养学生的间接兴趣。注意与兴趣密切相关。间接兴趣是指对活动结果和意义的兴趣，它可以引起和维持学生的有意注意。例如，学生在进行身体素质练习时，素质练习本身是枯燥和艰辛的，难以引起学生的直接兴趣。但学生对素质练习的结果是感兴趣的，因为学生的身体素质会得到提高。这就促使学生始终保持着有意注意的较高水平，训练中就会更加积极和主动。因此，教师应注重培养学生的间接兴趣，以便引起和维持学生的有意注意。

③加强组织纪律和课堂常规教育。在篮球训练过程中，学生自觉遵守组织纪律是集中注意的重要条件。学生的纪律性越强，有意注意持续的时间也就越长。学生的组织纪律性是在长期的学习与训练中培养起来的。教师在平时的教学训练中，应重视对学生进行组织纪律性的教育，使学生在训练中严格按照要求去做，养成良好的训练习惯。

④培养学生良好的意志品质。在篮球训练中，学生的有意注意常常会由于无关刺激的干扰，或者注意对象的枯燥，而产生分散。此时学生就必须通过坚强的意志努力排除内外的干扰，将注意力集中在与篮球训练有关的因素上。因此，在平时的篮球教学过程中，教师要注重对学生进行意志品质的教育，使学生以坚强的意志与困难和干扰做斗争，以保持训练时的有意注意。

（3）运用无意注意与有意注意转换的规律组织教学

学生在篮球训练中，既需要无意注意的参与，也需要有意注意的参与，二者不断地交替参与是注意的正常状态，这就要求教师善于利用无意注意与有意注意的转换规律组织教学。

在教学过程中，教师应使学生对学习目的有明确的认识，逐渐引导他们对学习内容本身发生浓厚的兴趣，并在必要时引导他们强化注意。在教学组织上，要力求生动、紧凑，合理而有节奏，教学方法要灵活多样，使每位学生都能投入紧张而有序的练习中，减少分散注意的机会。

根据注意的变化规律，篮球训练时注意曲线有逐步上升、相对稳定和逐步下降三个阶段。因此，在训练课开始时，教师应通过集中注意练习，引起学生的有意注意；然后让学生对准备活动的内容产生兴趣，产生无意注意；当学生在训练中遇到困难而丧失信心时，教师应通过鼓励的方式使学生由无意注意转入有意注意；在篮球训练的结束部分，教师要适当调整学生的运动负荷，使用一些放松的手段使学生由有意注意转入无意注意，以调节机体、消除疲劳。

总之，在篮球教学过程中，教师要善于利用无意注意规律、有意注意规律、有意注意和无意注意相互转换的规律集中和保持学生的注意力，这不仅对指导学生的学习与训练起到非常重要的作用，而且还能更好地提高学生篮球训练的效果，完成篮球教学任务。

在篮球训练中，注意伴随着一切心理活动的始终，是组织和发展学生智力水平的重要因素。注意的不同类型以及注意的不同品质，在篮球训练与比赛中会发挥不同的作用。通过分析造成学生注意力分散的原因，利用注意的规律来进行篮球训练，必将促进篮球运动训练水平的提高。

2. 进行专门的集中注意力的心理技能训练

注意在学生学习和掌握篮球运动技能的过程中起着十分重要的作用。根据学生的个体差异对他们进行专门的集中注意力的心理技能训练，可以有效地提高学生的注意能力，从而达到完善运动技能、提高运动成绩的目的。

（1）排除内外消极干扰的训练

有些学生在比赛期间，很容易受到外来事件的干扰，从而影响临场发挥。一种有效的方法就是将这些事件或想法利用自我暗示的形式，将它暂时搁在一旁，以便集中注意力去比赛，待比赛结束时再来处理它。在训练时，可以要求学生先将这些事件或消极想法记录在纸上，然后将记录放下，待训练结束后，再回去把记录取出并加以处理，这种方式熟练后，便可应用在实际比赛中。

（2）自我谈话

积极的自我谈话是帮助学生保持注意集中、营造积极心态的训练方法。积极的自我谈话的特点包括鼓励自己，全力以赴，关注每一个子任务和目标，保持积极的氛围。

积极的自我谈话包括：第一，用积极自我谈话取代脑海里出现的任何消极谈话。在内心集中注意，同时对唤醒水平做出一些调整。第二，在小范围内从外部把注意集中于和任务有关的线索上。第三，一旦有了注意控制的感觉，就立即完成运动技术。

（3）模拟比赛情境并设置比赛行动方案

模拟比赛情境是一种运用图像和言语模拟帮助学生适应新环境，集中注意力，减少分心因素干扰作用的方法。在比赛时，来自观众、裁判员、工作人员以及对手等外界分心物与学生的自我担忧、不安等内部分心物一起影响着他们的运动表现。在训练中模拟比赛中的各种情境可以让学生从身体和心理上形成习惯。设置比赛行动方案是帮助学生做好比赛准备，将注意力放在比赛全程的每一个环节上的一种方法。这种方法的重点是要求学生聚焦当下，并强调过程目标。在设置比赛行动方案时要充分利用过去常用的例行动作，因为例行动作可以增加学生在表现前或表现中不被内在或外在分心物影响的可能性。

三、学生投篮的心理训练

（一）投篮的表象训练

1.表象训练在投篮中的动作运用分析

（1）通过建立和回忆动作表象活动促进技能的形成

由瞄准点、手指手腕及全身协调用力、出手角度及速度、球的旋转及飞行抛物线和入篮角度等组成的投篮技术动作，其动作技术环节十分抽象，尤其对学生而言很难在短时间提高投篮命中率，如教师仅采用常规的教学方法，只能使肌肉活动占优势，大脑活动却受限制，尽管不断重复同一动作，但动作过程中肌肉的感觉并不十分清晰，动作表象也不完整，要领不清楚，因而很难有好的教学效果。而采用表象训练时，可以在动作技能练习过程中通过主动、有意识地建立和回忆动作表象活动促进学生运动技能的形成，同时根据练习的具体情况进行讲解示范，帮助学生在头脑中建立清晰的动作表象时，不能过多地注意动作细节，示范也不宜太快，以便将视动觉的中心指向动作要点上。这样就可以调动学生学习的主动积极性，启发学生的思维，培养学生的创新精神，巩固和完善技术动作，加快正确动力定型的建立，进一步提高学生投篮动作技术的准确性和各肌肉群用力的协调性，增加投篮命中率。

(2) 使正确的技术动作得到强化

高职院校投篮动作分为六个阶段：脚、程序、手、腕肘、膝和投篮。每阶段都有具体要求和正确姿势，要想尽快使学生掌握动作技术，应先在大脑皮质中建立正确、清晰的动作表象，然后将大脑皮质贮存的动作表象信息转变为神经冲动，再传至效应器，做出正确的投篮动作。采用表象训练法，通过对投篮技术动作在大脑中的反复回忆，可以使正确的技术动作得到强化。当错误动作出现时根据学生的练习情况采用整体示范与分解示范相结合，甚至放慢示范速度和放映幻灯片、讲练结合等多种表象训练手段，使学生体验肌肉的用力感觉，有效调控参与投篮和支配各肌肉间的缩舒活动，建立正确的视动觉表象，有利于加速形成正确的动作技术。

(3) 使学生有更多的练习机会

表象训练法使学生有了更多的练习机会，特别是能静下心来在大脑中回想投篮动作过程，同时对投篮某个技术环节进行练习，纠错的随意性和可控性大大提高。例如，压腕拨球练习是提高投篮命中率的关键因素，学生观看正确的动作技术要领通过表象训练后，手指、手腕部位的小肌肉群力量得到了发展，手指、手腕部位的协调用力控制能力更加精确，同时也带动与其相关的大肌肉群正确用力的协调性，这对于投篮的瞄准也具有很好的辅助性效果。通过压腕拨指力量的大小来控制篮球的飞行高度，练习投篮手形，提高手指、手腕肌肉的本体感觉和提高投篮时篮球出手的角度与弧度,使球在空中飞行呈向后旋转和形成适合进篮的最佳抛物线,从而使投篮的命中率提高。

(4) 有利于形成正确的投篮动力定型

在表象训练过程中,教师发现学生做出较理想的投篮技术动作时,应立刻让学生进行小结,建议学生默念整个动作要领和想象各个动作技术要点及完成动作时的情绪体验,使整个动作过程在学生头脑中形成更加清晰的印象,这极有利于学生形成正确的投篮动力定型。

2. 表象训练在投篮教学中的应用

(1) 建立正确的投篮动作表象

课程进行时由教师对投篮动作进行讲解、示范,并以挂图、录像等多媒体手段,帮助学生建立正确的投篮技术动作表象,在对该技术动作进行模拟和练习的基础上,要求学生用自己的语言对所理解的投篮动作加以描述。

(2) 建立"表象—动作"的映射关系

练习中要求学生在大脑中有意识地再现正确的投篮动作图像,并与自己的这一技术动作建立主动的联系和对照,找出自身的差异和不足之处,使自己的动作逐步向"表象"逼近,产生正确的动作定型效应。

(3) 建立"表象—动作—思维"的训练程序

针对投篮技术受心理因素影响较明显的特点,表象训练法要求学生在训练中从实战的角度建立一套适应自己身体特点的训练程序,融表象、动作和思维于一体。其要点是对动作的全过程进行"过电影"式的连贯想象,力求完整、细致、准确;注意体验投篮时与这一动作相伴随的内心图像以及相关的生理反应;运用思维的能动性协调心理活动与投篮技术动作之间的关系,调动尽可能多的心理和技术能量以提高投篮成绩,即投篮命中率。

(二) 罚篮的心理训练

罚球是投篮技术的一部分,在完全没人防守的情况下直接投篮得分,其命中率高于攻守对抗中的跳投。但由于比赛的性质、对手和观众的不同,学生承受着外界的压力,使他们出现各种心理反应,特别在双方球队实力均等的情况下,由罚球决定比赛结果的时候,学生所要承受的压力就可想而知了,所以罚球时如果不进行有效的自我调节就会导致命中率的下降。

1. 罚篮的心理问题

比赛中能否发挥高超水平,达到最佳的竞技状态,获得最好的竞技成绩,将取决于学生的身体素质、运动技术、心理素质三大要素,其中身体素质是保证动作质量的物理基础,运动技术水平是基本条件,而心理素质是使二者能充分发挥作用的内部动力。

2. 罚篮的心理训练方法

(1) 模拟训练法

模拟训练法是指模拟和有意设置某些在正式比赛中可能出现的情境和条件而进行训练的方法。在平常的罚球训练中,同伴可以在一旁起哄、呐喊或做一些动作来模拟比赛场景,或是在教学比赛结束前比分接近的情况下有针对性地进行罚球练习,以培养学生罚球时抵御各种外界刺激和干扰的能力。另外,在疲劳状态下进行罚球练习。在较为剧烈活动后或完成一次大强度的练习后罚球,提高学生克服疲劳进行罚球的能力。例如,连续两组全场折返跑后马上进行罚球练习。

(2) 注意力训练法

注意力是人心理活动对一定事物的指向和集中,集中注意力是队员排除外界干扰专心致志进行罚球的前提条件。而注意力集中的反面则是注意力分散,即通常所说的"分心"。训练方法:第一,培养学生良好的参赛动机。在比赛时,要引导学生以正常的心态去参赛,对比赛结果的胜负不要过分担心,对生活和训练中的烦琐之事暂且搁置脑后,应将全部的注意力集中在比赛过程之中。第二,看表法。集中注意力看手表秒针的走动,先练习1分钟,再逐渐增加时间到2分钟、3分钟。如果能持续到5分钟以上而不转移注意力,则是很好的表现,这样持续下去反复练习,集中注意力的能力就会有很大的提高。第三,视物法。将注意力集中在一个目标上,然后闭眼回忆这个目标的形象,反复多次,直到该目标在头脑里清晰地再现为止。

（3）自信心训练法

第一，自我暗示。自我暗示训练是一种积极主动的心理训练方法，能够引导学生形成一种良好的竞赛心理状态，能够积极有效地增强自信心，消除紧张情绪、放松身体。第二，施加压力的情况下进行罚球练习。分成若干队，每队派一个代表罚球两次，全中则不受罚；如一次不中，则全组罚跑 28 米往返一趟；如两次都不中则全组罚跑两趟。一组赛完，重选代表再进行练习。

（4）呼吸调整法

在罚球时的呼吸调整的步骤：放松自己的心境，保持肌肉的柔和性；调整自己急躁情绪，保持稳定心理；拿到球后进行缓慢而平稳的呼吸，保持心态；在球投出去之前，深呼吸一两次，投篮时保持动作的流畅性。

（5）意念训练法

意念训练法是指学生在比赛中有意识地、主动地利用大脑中已形成的运动表象或充分利用想象进行训练的方法。人的想象可以使一定的图形在人脑中闪过并会形成一定的记忆，或是形成一种回想性复习。平时训练中可以让学生在安静的时候多回想自己罚球的技术动作，并对自己的动作进行一番全面回想与再认知，或是对错误的、不完美的动作进行改进。这样能达到巩固和改进罚球技术的目的，对稳定情绪和集中注意力也起到良好的作用。

意念训练时的要求：第一，在进行冥想过程中，要使学生的注意力高度集中，可在安静舒适的地方坐下或躺着，让学生闭目练习。第二，要有意识地发展学生的思维能力，并将投篮动作各个环节的发力感觉和顺序与之结合起来。

（6）比赛模拟训练

比赛模拟训练是以接近实战条件对学生进行旨在提高临场应激能力的心理训练方法。这种方法可以强化意识，提高作战能力，增强自信心，其目的是使学生在今后的实战中能够适应环境，提高对外界不良刺激的抗干扰能力，有利于将注意力集中在实战过程中。

参考文献

[1]陈杰.篮球运动教学理论创新与实战技巧研究[M].北京:中国原子能出版社,2019.

[2]程修明.高职院校篮球教学实践与探索[M].徐州:中国矿业大学出版社,2019.

[3]丁文.篮球教学导论[M].哈尔滨:哈尔滨出版社,2020.

[4]贺炜.高职篮球教学设计与技战术训练[M].延吉:延边大学出版社,2019.

[5]胡文娟.高职院校篮球教学研究[M].长春:吉林人民出版社,2020.

[6]侯向锋.体育教学与篮球体能训练研究[M].长春:吉林出版集团股份有限公司,2022.

[7]李晓东.篮球教学理论创新与实践技巧研究[M].长春:吉林大学出版社,2021.

[8]李小梅.篮球教学艺术与技巧提升研究[M].长春:吉林美术出版社,2020.

[9]鲁茜.篮球教学与训练[M].上海:华东师范大学出版社,2018.

[10]廖俊.篮球教学与训练研究[M].哈尔滨:东北林业大学出版社,2018.

[11]刘浩,张戈.篮球[M].重庆:重庆大学出版社,2018.

[12]刘喜林.高职院校篮球训练与实战指导[M].北京:人民日报出版社,2017.

[13]孟杰,孟凡钧.篮球教学理论与应用研究[M].北京:北京日报出版社,2018.

[14]彭杰.篮球运动技战术教学与训练[M].秦皇岛:燕山大学出版社,2018.

[15]邱杰.篮球教学及训练方法研究[M].沈阳:辽宁大学出版社,2020.

[16]孙彬.篮球教学与训练多方位研究[M].长春:吉林文史出版社,2021.

[17]孙海勇.篮球教学创新与系统训练研究[M].长春:吉林大学出版社,2019.

[18]宋珊,李大鹏.篮球教学与训练研究[M].长春:吉林出版集团股份有限公司,2019.

[19]石颖.青少年篮球教学训练体系研究[M].长春:吉林大学出版社,2021.

[20]王荣.篮球教学与训练的多维探究[M].天津:天津科学技术出版社,2020.

[21]王俭民.篮球教学与体育训练[M].长春:吉林科学技术出版社,2020.

[22]解长福,王淼.篮球教学与训练[M].哈尔滨:东北林业大学出版社,2018.

[23]杨杨.篮球教学方法研究[M].北京:现代出版社,2019.

[24]杨明刚.现代篮球教学与训练精要[M].长春:吉林大学出版社,2019.

[25]杨照亮.基于体育强国背景下现代篮球运动的教学与训练研究[M].长春:东北师范大学出版社,2018.

[26]余丁友.现代篮球运动教学与训练研究[M].北京:冶金工业出版社,2019.

[27]张秀梅.篮球运动基本技术教学与训练[M].长春:吉林人民出版社,2021.

[28]张小刚,周秉政.篮球运动教学训练的理论与实践[M].天津:天津社会科学院出版社,2021.

[29]朱超.高职篮球运动教学理论分析与科学设计[M].北京:中国水利水电出版社,2018.

[30]赵秀强.现代篮球运动技术原理分析与教学实施[M].成都:电子科技大学出版社,2018.